大梦无疆

〔以色列〕西蒙·佩雷斯 著　　吴越　刘洪　译
SHIMON PERES

勇气、想象和现代以色列的建立

No Room for Small Dreams

Courage, Imagination, and the Making of
Modern Israel

上海译文出版社

1923年，我的祖父梅尔泽和他的后代在波兰的维施尼瓦。我站在后排右数第三。

（政府新闻办公室提供）

1928年，我（右边），我的弟弟革顺（吉吉），我们的父母

萨拉和伊扎克·帕斯基，于维施尼瓦。

（西蒙·佩雷斯档案馆提供）

1931 年，维施尼瓦 Tarbut 学校。我坐在前排左边。
（西蒙·佩雷斯档案馆提供）

14 岁的我，当时还是在我们先人开创的土地上的一名青少年，距离以色列国成立还有十多年的时间。
（西蒙·佩雷斯档案馆提供）

在本舍门

（西蒙·佩雷斯档案馆提供）

在青年工作学习联盟

（政府新闻办公室提供）

1938 年，在以色列中部的一个基布兹，人们在采摘橙子。
（佐尔腾·克鲁格摄，政府新闻办公室提供）

1945 年 5 月，和索尼娅新婚后不久在特拉维夫。
（西蒙·佩雷斯档案馆提供）

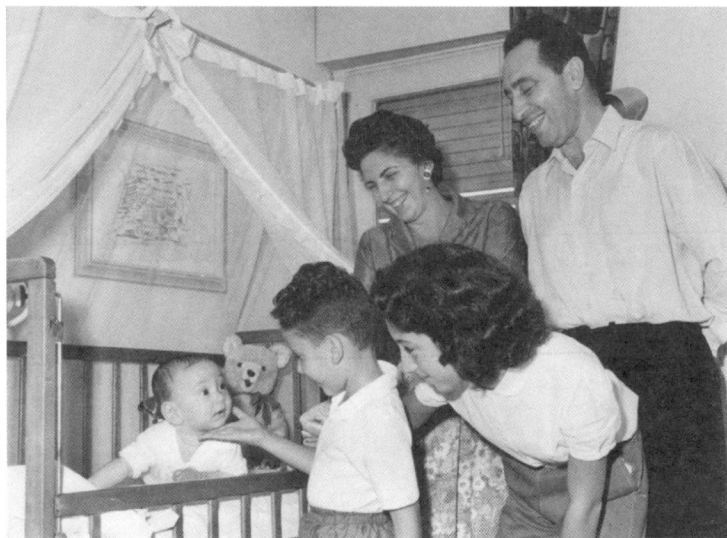

1958 年，索尼娅、茨娃、尤纳坦（尤尼）和我充满爱意地看着婴儿时
期的奈赫米亚（舍米）。亚伯拉罕·韦雷德摄，刊于以色列国防军杂志
Bamahane Magazine。（以色列国防军和国防设施档案馆提供）

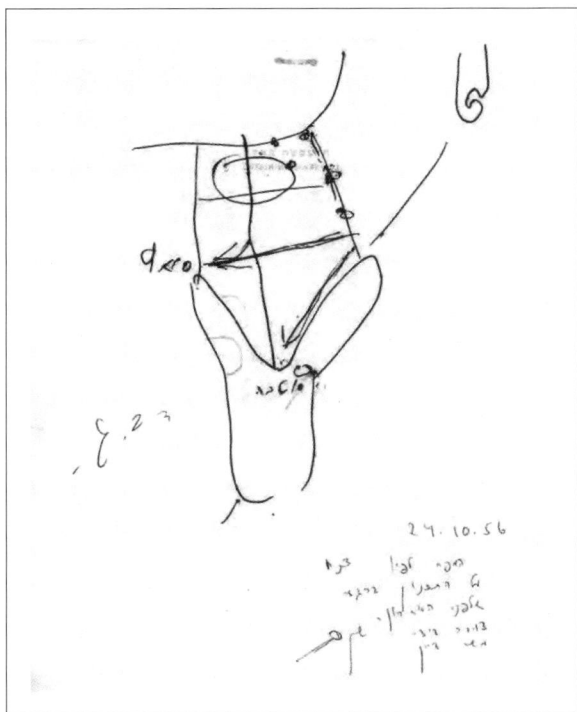

1956年，西奈行动的计划草图，由摩西·达扬绘制、本－古里安签名。
（以色列国防军和国防设施档案馆提供）

20世纪50年代晚期和总理戴维·本－古里安在迪莫纳。
（西蒙·佩雷斯档案馆提供）

恩德培行动中的黑色梅赛德斯
（以色列国防军和国防设施档案馆提供）

恩德培行动
（以色列国防军和国防设施档案馆提供）

恩德培行动之后，总理伊扎克·拉宾和我欢迎人质回家。
（乌里·赫茨尔·扎希克摄，以色列国防军和国防设施档案馆提供）

在恩德培行动之后，和人质交谈。
（乌里·赫茨尔·扎希克摄，以色列国防军和国防设施档案馆提供）

1979 年，在以色列比尔谢巴会见埃及总统安瓦尔·萨达特。
（纳提·哈尼克摄，政府新闻办公室提供）

　　和正在签署《1985 年经济稳定计划》的以色列总工会主席以色列·肯撒在一起，一起的还有财政部部长伊扎克·墨代和经济部部长加德·亚柯比。
（纳提·哈尼克摄，政府新闻办公室提供）

20 世纪 80 年代中期，作为总理我最为骄傲的成就之一，摩西行动——将埃塞俄比亚的犹太人安全带回到以色列的秘密行动。大约有 8000 人获救，其中 1500 名为儿童。

（纳提·哈尼克摄，政府新闻办公室提供）

1993 年 9 月在华盛顿特区签署《奥斯陆协议》。
（艾维·奥哈尤恩摄，政府新闻办公室提供）

1994 年，和总理伊扎克·拉宾和巴勒斯坦权利机构主席亚西尔·阿拉
法特共同领取诺贝尔和平奖。
（萨阿尔·雅科夫摄，政府新闻办公室提供）

教皇弗朗西斯出访以色列时，我在机场停机坪迎接他。
（艾维·奥哈尤恩摄，政府新闻办公室提供）

在柏林和德国总理安吉拉·默克尔在一起。
（阿莫斯·本·格肖姆摄，政府新闻办公室提供）

2012 年 6 月，接受美国总统巴拉克·奥巴马颁发的总统自由勋章。
（阿莫斯·本·格肖姆摄，政府新闻办公室提供）

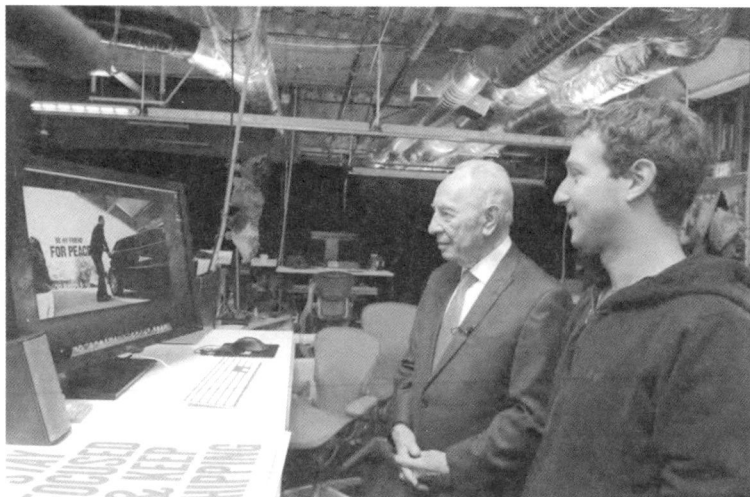

2012 年在 Facebook 位于加州的总部，和 Facebook 创始人马克·扎克伯格
一起开启我的 Facebook 个人主页。
（摩西·米尔纳摄，政府新闻办公室提供）

2013 年独立日，在总统官邸为杰出军人举行全国性仪式上。
（阿莫斯·本·格肖姆摄，政府新闻办公室提供）

推荐序

马 云

有的人因为看见才相信，有的人因为相信而看见。

以色列就是后者。

在这里，梦想和创新，就像水和空气一样无处不在。我感觉，在这个地方，他们呼吸的除了空气，还有梦想，他们喝的除了水，还有创新。

这几年我去了很多次以色列，回来以后又带着公司的年轻人再去。我们在以色列参观、学习，每天讨论到深夜。我们反复讨论的话题永远是，为什么这个国家看起来一无所有，却创造了一切？为什么一个人口不多的民族，能诞生那么多诺贝尔奖得主？为什么这个地方看似没有机会发展，却能以受人尊重的方式崛起？

以色列让我看到梦想的力量。这是一个先有梦想后有国家的地方，一个因为梦想而创造一切的地方。

以色列让我相信，创新是逼出来的。以色列是为了生存而创新，为了活下去而创新。以色列缺水，缺土地，看起来缺少农业需要的一切。它没有自然资源，不得不创新技术，结果成为向欧洲出口水果蔬菜最多的国家之一。现在以色列不仅为自己，也为全世界展开创新。

去了以色列，才知道什么是竞争。以色列让我明白，竞争不是坏事，竞争让你强大，如果没有竞争，今天很多伟大的公司也许都不存在。

佩雷斯总统是这样一个人，在他的身上，你可以感受到梦想、创新、坚持……所有这些合成的力量。我仍记得十一年前，在达沃斯见到佩雷斯总统。他的远见和魄力，至今让我印象深刻。

他的《大梦无疆》，我认为不仅仅是一部自传，更记录了以色列的梦想和创新之路。

我希望每一个心怀梦想的人，都可以看一看这本书，或者亲自去一次以色列。

二〇一九年八月

美国版荐语

西蒙·佩雷斯凭借坚定的决心和原则，一次又一次引导他心爱的国家克服生死之间的挑战。然而他内在的人性和高贵更为重要，他因此启迪了整个世界并且铺筑了一条通往和平的康庄大道，足以让未来的人们携手并进。

——乔治·赫·沃·布什（美国前总统）

西蒙·佩雷斯最初是以色列最聪明的学生，接着成为了最出色的导师，最后成为了最大的梦想家。他在完成最后一部作品《大梦无疆》的几周后与世长辞，在这部作品中，他回顾了自己近七十年的政治生涯和以色列历史上的关键时刻，这些时刻都为未来的和平与可能性打下了基石。这部作品捕捉了我的好友一生秉持的信念——我们可以战胜我们的创伤、憎恨和恐惧，抓紧当下，把握明日的成功。

——比尔·克林顿（美国前总统）

西蒙·佩雷斯是以色列建国一代的巨人，他坚持不懈地呼吁和平，他是一个永恒的乐观主义者，一生都在追求希望和可能性。他也是我珍贵的朋友，是我智慧的源泉之一。他的故事如今成为了时代的故事,有太多需要我们去了解和学习。

——巴拉克·奥巴马(美国前总统)

以色列为全球的科技创新做出了巨大贡献,它是名副其实的"初创国家"。《大梦无疆》一书中领导力的故事显示了当别人觉得必定会失败时,为何佩雷斯能够在不断的努力中看到机遇。如果你不尝试,你就不会知道——这就是创新的秘诀。西蒙·佩雷斯明白这一点。

——埃里克·施密特(谷歌董事长)

一说到西蒙·佩雷斯,我想到的是一个既是诗人又是士兵的男人——这种组合很少见,不过一旦奏效,会让人敬畏。

——芭芭拉·沃尔特斯(美国电视新闻广播员、记者)

西蒙·佩雷斯在超过半个世纪的时间都是以色列的伟大领导者,他是一位不同寻常的政治家:梦想家和实用主义者,思想家和实干派,无畏地倡导和平与妥协,以色列军事力量的建造者。他还是一个独特的叙述者。历史、政治、以色列和中东、世事变化、不可思议的梦想和远见,对这些感兴趣的读者决不能错过《大梦无疆》。

——阿摩司·奥兹(以色列作家,本-古里安大学希伯来语教授)

成功的真正秘诀在于,无论事情有多艰难,都要抱着感恩与宽恕去面对挑战。西蒙·佩雷斯就是这样成为了一位全球领袖。在《大梦无疆》中,他回顾了他的一生,不仅给我们讲述了一个动人的故事,还给我们提供了一份有关创想和勇敢决策的实用指导手册。

——阿里安娜·赫芬顿(《赫芬顿邮报》创始人)

西蒙·佩雷斯一生都是具有远见的乐观主义者，《大梦无疆》将他最后的希望之语传达给了年轻一代。这些话语值得我们所有人去倾听！

——丹尼尔·卡内曼（以色列—美国心理学家、经济学家）

致下一代以色列和全球的领导人

目　录

西蒙·佩雷斯
近七十年之公共服务生涯

1923年：8月2日出生于波兰的维施尼瓦

1934年：移民至以色列境内

1938年：加入本舍门青年村

1945年：当选青年工作学习联盟秘书长

1947年：被戴维·本-古里安招募至哈加纳组织

1948—1949年：海军统帅

1949—1952年：国防部驻美使团团长

1953—1959年：国防部办公厅主任

1959—2007年：国会议员

1959—1965年：国防部副部长

1969年：移民吸收部部长

1970—1974年：交通邮政部部长

1974年：信息部部长

1974—1977年：国防部部长

1977—1992年：工党主席

1984—1986年：总理

1986—1988年：副总理兼外交部部长

1988—1990年：副总理兼财政部部长

1992—1995年：外交部部长

1995—1996年：总理

1999—2001年：地区合作部部长

2001—2002年：副总理兼外交部部长

2005年：副总理

2006年：内盖夫加利利地区发展部部长

2007—2014年：第九任总统

前　言

　　"你们的父亲就像风一样，"我们的母亲过去常说，"你永远不可能让他停止工作或是阻止他。"而且母亲所言极是。

　　私下里，西蒙·佩雷斯是我们的父亲。公开场合，他是以色列的开国元勋之一。他将毕生精力奉献给了一项永无止境的伟大事业：创建一个更好的未来。他的利器包括信仰、毅力、坚韧以及学习的能力——变化和成长的能力。但他最伟大的利器是希望，而且一贯如此。他满怀希望在坚硬的土地上打下深深的地基；坚定无畏地站在摇晃不定的脚手架上；伸手触及只有梦想可以带我们去的高处；去发现此前还隐而未现的梯子上那模糊不清的踏板；尔后预见下一步。

　　他的一生就像他挚爱的祖国，不可思议而且不同寻常。他相信，实现和平并使以色列成为一个更好的地方，是缔造一个更和谐、繁荣而宽容的世界的组成部分，而且人不可能怀有比这更崇高的志向了。

　　我们的父亲过去常说："数一数你拥有的梦想的数目，并把它和你所取得的成就相比。如果梦想多过成就，那么你仍然年轻。"他在他人生的最后一年写下本书，作为礼物送给下一代，送给那些年轻人和内心年轻的人们。他希望能将他那经久耐用并且可靠的利器箱流传下去，这样，我们也许都可以从他的过去吸取经验，继续开创一个更美好的明天。依照他的愿望，我们充满感激地和你们分享本书。

茨娃、尤尼和舍米

第一章
从政的召唤

　　我第一次见到这个地方，已经十一岁了。四周树木环绕，房屋掩映其中。这座式样简单的房子是我阿姨和姨父的家，他们在以色列境内安顿下来后就建造了它。那是一九三四年，只有几千名犹太人在这里居住。道路尚未铺好，很多地方无人居住。

　　当我们靠得更近，我意识到，这些树是我从未见过的。它们是手工种植的柑橙林。我的弟弟吉吉和我立刻出发，在排列整齐的一行行橙树间追来跑去；每棵树上都结了上百个饱满而颜色鲜艳的果实。剩下的白花在空中散发出迷人的芬芳。

　　仿佛瞬间回到了我的小犹太村庄——也就是被称为shtetl的地方，回到了我第一次看见橙子的那一刻，那个地方离我如此遥远。

　　我们的小村庄叫做维施尼瓦（Vishneva），它坐落在波兰和俄罗斯的边境，一个四周被森林环绕的狭长地带，那里的冬天似乎永无止境。有时经常接连好几个星期，凛冽的寒风吹过稀疏的白桦树，无情地横扫市集上的老主顾们。即使在夏天，我们似乎也很少见到太阳。尽管如此严寒和与世隔绝，小村庄里却有种温情和魔力，弥漫着一种和善和归属感。我们在彼此身上找到了归属。

　　我们的生活极其简单：村里总共只有三条道路，道路两侧排列着光秃秃的木头屋子。村里没有自来水，也没有通电，但三英里外有个火车站。借着从那里往来的旅者和货物，我们得以瞥见并且品味到林子那头的世界。

我仍然记得有关那第一个橙子的震撼时刻。我的父母带我去了他们的朋友家，一大群人已经聚集在那里。一个刚从以色列回来的年轻人，正在讲述那片遥远土地上的宏大故事。他讲到无尽的阳光和异国文化，讲到长着果树的片片沙漠，讲到那些不屈不挠、皮肤黝黑、用双手劳作并作战的犹太人。讲完故事，他转向身后的一个箱子，抬起它让大家都能看到。房间里听得见有人倒抽了一口气。这年轻人的展示很具有仪式感，看得出来过去他已经做过多次。屋里的每个人一个接着一个从箱子里挑了一个包裹，小心翼翼地撕去裹在外面的羊皮纸包装，露出一个刚从树上摘下来的成熟的雅法橙。轮到我时，我动作缓慢、小心翼翼，生怕自己会做错什么。我把橙子凑近鼻子，第一次闻到橙子的味道。它的颜色、香气和味道真是无与伦比，是一个小男孩可以想象到的最不可思议的东西之一。对我而言，它已远不止是一个水果，而是我希望和抱负的象征。

我家居住在这一地区已经有好几代了。实际上，上百年来，这里都是犹太人称之为家的地方。但尽管维施尼瓦美得纯粹，我的父母从未把这里当作他们永远的家。他们更多地把它当作是一个中转站，几千年来通往家园旅途上众多驿站中的一个。踏上以色列的土地不仅是我父母的梦想，也是激励我们认识的许多人的目标。似乎在每个聚会上，人们之间的谈话都会变成谈论永别我们所爱的小村庄、奔赴耶路撒冷、加入那些正收复我们自己土地的拓荒者们。我们经常会谈到西奥多·赫茨尔（Theodor Herzl）——犹太复国主义的创始人。他提出，犹太人的未来取决于一个犹太国家的存在，这个国家的人们不仅仅因共同的宗教信仰紧紧相连，而且拥有相同的语言和国籍。"让他们给我们地球上一小块土地的主权，只要满足我们生存的需要就足够了。然后由我们去做剩下的事。"

赫茨尔的梦想已经变成了我的梦想。在我看来，我的家人虽然生活满足，但终究流亡在外。我们说希伯来语、用希伯来语思考问题，我们热切地阅读着来自英属巴勒斯坦地区的新闻，那是一块包含了我们古老家园的英属领土（或"托管区"）。我们拥有一种集体的回归渴望以及随之而来的强大紧迫感。有时，这会让我感觉似乎自己正处于遥远的过去和迫近的未来之间的炼狱之中。我们距离那个未来越近，就越发不能忍受延迟的感觉。

尽管有着不断向前的渴望，有关我童年的记忆数不胜数而且充满温情。我的母亲萨拉，天资聪颖、富有爱心。作为一个受过专业培训的图书管理员和俄罗斯文学的狂热爱好者，生活中没什么事儿比阅读带给她更多的快乐，她也将这种快乐分享给了我。从一个紧挨着母亲读书的爱书的小男孩，我渐渐成长为一个爱书的男人。阅读于我还是个充满爱的挑战，我需要在读书上紧跟母亲，即使仅仅是为了接下来跟母亲进行的讨论。我的父亲伊扎克（又被叫作Getzel），温暖而宽厚，就像他的父亲一样也是个木材商。他是个充满能量和善意的男人，对我们宠爱之极又细致入微。他总是鼓励我，不吝为我的成就面露喜色。他的爱给了我自信，而自信给了我翱翔的能力。我对此深感幸运。

父母抚养我时没有设定太多的边界和限制，从不告诉我该做什么，他们总是相信我的好奇心最终会指引我踏上正确的道路。在我年幼时，每当决定在父母和他们的朋友面前表演或是演讲的时候，我只会得到鼓励。有时，我会献上一段滑稽模仿（将镇上一些人的声音和举止模仿得惟妙惟肖）；有时我又会发表一段结构完整的演讲，比如有关犹太复国主义的本质或是我最喜爱作家的各自优点。在大人们看来，我是一个早慧、前途光明的小男孩；对我自己而言，冥冥之中就像有大事儿要发生。但在我的同学看来，我明显有别于他们，被他们排斥。实际上，那时的我正如我一贯保持的那样，即使是到了九十三岁，我仍是个好奇的男孩，沉迷于各种难题，热忱地编织梦想，不屈服于其他人的质疑。

我之所以成为现在的我，我的父母功不可没。但我最崇拜的人是我的祖父拉比兹维·梅尔泽（Rabbi Zvi Meltzer），我和他的关系也是我生命中最重要的纽带之一。他是个粗壮的男人，不知何故看起来很高，曾在欧洲上过最好的犹太高等学校。如果说，犹太复国主义是我们公民生活的中心，那犹太教则是我们道德生活的主心骨。因为祖父的职位和杰出的头脑，他成了给我们全家指明方向的权威人物，也是为整个村庄提供指引和智慧的群体领袖。

我感到尤为幸运的，不仅仅因为他是我家庭的重要成员，而是因为他给予我特别的关注。他是第一个教我犹太人历史的人，也是第一个给我介绍犹太律法的人。我会在犹太会堂加入他的每个安息日礼拜，专心地跟随他进行每周诵读。就像其他犹太人一样，我把赎罪日——犹太人赎罪的日子，当作众多节日中最重要的一个。我对它有种特别的共鸣，不仅仅是因为它自身的重要性，而且是因为我可以亲耳听到祖父的吟唱。只有在那一天，他会化身领唱，用他美妙的声音低沉而空灵地唱出绝美的悔罪祈祷曲的祷文。他的歌声会把我带到灵魂深处，而我会躲藏在他的祈祷披肩之下——那也是如此严肃的一天中唯一让我感觉安全的地方。从我躲藏之处的一片黑暗中，我请求上帝宽恕那些犯罪者、饶恕每个人，因为这些人自己已经播下了软弱的种子。

从祖父的公众形象及他的教导中，我从小就恪守教义，甚至和我的父母相比都有过之而无不及。我逐渐相信，我的责任就是通过遵循上帝的戒律来服务上帝，不能容忍任何例外。至于我对这一承诺到底有多当真，我的父母也没有完全地意识到；直到有一天父亲带回家一台收音机，它也是我们村的第一台收音机。因为激动地要向我的母亲演示怎么使用，父亲在安息日打开了收音机，在这个用于休息、沉思的时刻，包括打开收音机在内的这些行为都是被犹太教禁止的。我不禁勃然大怒，在一阵狂热的正义感之中我把收音机摔在了地上，把它摔得无法修复，仿佛人类的命运就靠我这正义之举。我很感激我的父母原谅了我。

当我不在家或不在犹太会堂时，我会试着搭乘马车去火车站；正是经由此地，人们开始了返回我们古老家园的漫长旅程。每当有人要离开，整个镇子的人都会在喧闹的庆祝中齐聚一堂，以一种喜乐参半的方式为他们的邻居送行。我羡慕不已地看着这一切，沉浸于这振奋人心而充满虔诚的喜乐之中；但我总会带着一丝伤感回到家中，想弄明白，轮到我走的那一天是否会真的到来。

过了一段时间，因时局变化，我们最终离开了。二十世纪三十年代初，针对犹太人企业的反犹太人税击垮了父亲的生意。父亲亏得血本无归，于是决定离开。一九三二年，他独自一人去了英属巴勒斯坦，全凭一己之力勇当开路先锋，迫切想在那儿安顿下来然后准备我们的到来。又过了两年漫长的岁月——对于不耐心的孩子仿佛有一辈子那么漫长——父亲才传话说，他已经准备好接我们过去。当母亲走到吉吉和我跟前，告诉我们离开的时候到了，我已经十一岁了。

我们把家当装在货运马车的后面，启程去火车站。沿路的石块令马车剧烈地颠簸，吱嘎作响。母亲对此很不喜欢，但对于弟弟和我，每一次颠簸都是一次快乐——它提醒着我们：伟大的冒险已经展开。我们穿着厚厚的羊毛外套和厚重的冬天的鞋子，而这些我们很快就不再需要。

当我们到火车站的时候，几十个人已经等在那儿用祝福和祈祷为我们送行。我的祖父位列其中。考虑到他年岁已高和在社区的核心地位，他选择了留在维施尼瓦。他是我在家乡唯一会思念的人。我看着他在月台上向我的母亲和弟弟道别，等着他面向我，竟一时语塞。当我透过他浓密、灰白的胡子仰望他的眼睛时，他那庞大的身躯笼罩着我。他的眼中含着泪水。他用一只手搭在我的肩膀上，然后弯下身子、直视我的眼睛。

"答应我一件事。"他用我熟悉而威严的声音说道。

"任何事情，祖父①。"

"答应我你会永远做个犹太人。"

祖父的生命终结于维施尼瓦。我离开数年之后，纳粹士兵穿过森林、来到村庄的广场，他们把犹太人集中在一起迎接他们可怕的宿命。我的祖父和他大多数的会众被赶进我们那间朴素的木头犹太会堂，纳粹士兵用木板把大门封死。我无法想象，烟从门缝中涌入的第一个瞬间他们所经历的恐怖；从火焰燃烧的噼啪声中，他们应该意识到会堂已经从外面被点燃。人们告诉我，当火焰越烧越烈、吞噬了我们最珍贵的礼拜场所，我的祖父披上他的祈祷披肩——那条赎罪日我藏身其下的披肩，唱起了最后的祷文——保持着最后一刻的坚忍和尊严，直至大火夺去了他的话语、呼吸、夺去了他和其他所有人的生命。

剩下的犹太人也被围捕，一家接着一家地从他们的藏身之处被拉出来、被夺去生命。他们被迫目睹我们的村庄被毁掉，就像一场飓风横扫了这一地区，只不过更为精准、更有目的性。他们被赶往火车站，穿过残酷的瓦砾，经过熊熊燃烧的墓地。同样的轨道曾开启我返乡的旅程，而如今却带着他们走向死亡集中营。

---

① 原文为意第绪语，zaydeh。

当我们登上前往巴勒斯坦的火车，当火车在颠簸中启程、我从车窗向外挥手道别之际，我并不知道从此将再也见不到我的祖父了。每当领唱唱起悔罪祈祷曲，我仍能听见祖父的声音。每当我面临艰难抉择，我仍会感觉到他的精神与我同在。

* * *

一九三四年，前往英属巴勒斯坦的旅程带着我们一路南下直至地中海，当我第一次看见地中海时，我只感觉它无穷无尽地延伸。我们登上了一艘蒸汽船，在大多数时候都风平浪静的海上漂了几日。我确信，没有遇到狂风和波涛汹涌的大海是来自上帝的一个吉兆。站在轮船的甲板上，被激动人心的蓝天围绕，我可以感觉到未被乌云遮挡的太阳散发出的微微暖意。随着我的世界被粉刷一新、重注热能，我的梦想也变得栩栩如生起来。

在海上的最后一日，我被船上的汽笛声唤醒。船长正鸣笛提醒来往的船只我们的到来，他也以这种方式告知船上的乘客。吉吉和我匆促地从床上爬起，爬上舷梯跑到顶层甲板。一群乘客已经聚集在那里，开心地大喊、歌唱。我径直穿过人群，站到了栏杆上，不让任何东西、任何人挡住我的视线。

展现在我面前的是宏伟的雅法海岸线。大海看起来就是由各种深浅的蓝色构成，随着海浪轻拍着完美的白沙海滩，明亮的宝蓝色深水海域仿佛正与闪烁着耀人光芒的绿松石色浅滩共舞。从海湾眺望过去，我可以看到远方的一座山——坐落在一座气势恢宏的古老城市的中央。环绕着海角建起的石头建筑群呈现出立正、防卫的姿态。在建筑群后面，一座细窄的时钟延伸至天空。

在我到达之前，关于雅法我知之甚少，我只知道它是座古老的城市,《圣经》中也有提及。现在,当其映入我的眼帘,我可以看到那种只有身临其境才可以拾取的神韵和活力。我看见一大群戴着红色土耳其毡帽和方格头巾的人。一些人聚集在一起享受明媚的清晨时光,他们和小孩子玩耍,任海风吹起他们宽松的长袍。其他的人则来到海湾中央、登上轮船迎接我们。这其中的大多数在兜售我们从未尝过的东西。他们卖给我们一罐罐的碎冰柠檬水和棕榈树上摘下的蜜枣,这些棕榈树是我过去看我姨妈的照片才知道的。犹太人租了几条船,就在我们停泊的地方接驳乘客。

就在我扫视这些船只寻找父亲的时候,我注意到我与许多当地犹太人几乎就没什么相似之处。在常年灰白色调的维施尼瓦,我认识的每个犹太人都苍白得不可思议。置身于这些被阳光晒得黝黑、因耕种土地辛苦劳作而被雕琢得棱角分明的男人中,我仿佛置身于一群英雄之中。我只想加入他们,成为他们中的一员。

最终,我看到了站在一艘阿拉伯小渔船前面的父亲,正热情地向弟弟和我挥手。父亲比我最后一次见他时晒黑了许多。在他身旁是渔船的船长,一个高个儿的阿拉伯人,穿着宽大、悬垂感十足的百褶裤。我们跳上船,用积攒了两年的爱向父亲问候。父亲对我们也是如此。当我们走到岸边,我可以感觉到太阳的温暖正透过我厚重的冬衣外套直射下来。我闭上眼睛,想象着这柔软的暖意是对我个人的欢迎,来自那个一直在等候时机、直到我们到来的太阳的欢迎。当我走下船、踏上陆地的时候,我知道我已经找到了回家的路。

以色列的土地非常适合我。随着时间的推移,我感觉自己正在向过去的日子告别,尽管维施尼瓦曾一直是我的保护茧,但如今,我已经长出了翅膀。我不再穿外套、戴领结,而是将它们折价贴换成了短袖衣服。在澄净的蓝色天空下,我观察到自己皮肤的颜色变黑,当我带着皮肤的晒斑回家的时候,我从未像当时那样感觉自己像一个真正的以色列的孩子。过去，我带着强烈的热情和兴趣爱着书；如今，我在海边的公园或是沙滩的无花果树下读书。

＊＊＊

二〇〇七年七月十五日，我宣誓就任以色列第九任总统。那年我八十三岁。我的职业生涯贯穿了以色列国成立至今，那天则是我职业生涯的顶峰。当我站在台上、宣誓就职之时，占据了我思绪的却是维施尼瓦，它提醒着我这一路旅程始于何方。作为一个十一岁的男孩，我对未来有着无尽的想象，但即使是在我最野心勃勃的梦想中，我也从未想过我会迎来人生的这一时刻。

宣誓就职的庆典之夜，一个我从未见过的年轻男子走近我，以一种连我都忍不住羡慕的、不加掩饰的以色列式坦率直接开始了和我的对话："总统先生，恕我直言，经过了这么长的职业生涯，您在这个年纪为什么还要继续工作呢？"

"为什么我要工作？"我问道，"我猜我从未想过其他的选择。"

这是事实。在我记忆中，犹太复国主义一直是我立身的中心所在，并且为其服务是保证其获得成功的必要条件。在我八十多岁时，在以色列政坛工作了六十年之后，为犹太复国主义工作引领着我走上了总统的位置。但是，当我还是英属巴勒斯坦的一名年轻人时，我所想象的工作并不是在政府中任职，而是在田间工作，开垦土地，为创立一种新型的社区而工作。除了想当个基布兹成员，我其他什么也不想。

被称为基布兹的第一个犹太人定居地叫做德加尼亚（Degania），它是在一九一〇年由一群逃离欧洲的年轻拓荒者在约旦河谷建立的。他们带着宏伟的计划而来，不仅是为了建造定居点，而且是为了把犹太复国主义的梦想变成现实。基布兹首先是一个农业定居点，是人们在岩石土壤上耕种、排干恶劣的沼泽地而加油苦干的地方。正是这些每天劳作的拓荒者们将无法居住的地方变得植被繁盛。德加尼亚适时地激励了其他的基布兹，耶斯列 (Jezreel) 和约旦河谷的贫瘠土地渐渐地布满了欣欣向荣的社区。当我移居以色列时，大概已有三十个左右的基布兹，经过一段时间后出现了更多。在最艰苦的条件下，棕榈树、田里的庄稼、果园和牲口让基布兹焕然一新。它们使沙漠变得美丽而富饶，也正因为如此，我们相信，自己可以激发出无限潜力。在国家成立之前的岁月里，我们拥有强大的领导，并正在为国家机构和政府打下基础。在那段时间，出于必要，基布兹变成了我们最中心的机构制度，这并不是因为基布兹的收成脆弱或代表了崇高的思想，而是因为基布兹承担了最基本的职能：管理定居点和移民问题以及组织我们的防卫。尽管每个基布兹有自己的独一无二的特质，它们都围绕着共同的中心愿景组织起来。在追求犹太复国主义梦想的过程中，拓荒者们也曾试图重新设想过一种新型的社会，一个建立在平等合作、正义公平以及集体共有和群居生活之上的社会。

我喜欢在特拉维夫的生活。每天下午，我会骑着自行车行驶在马路上，数着一栋栋拔地而起的大楼，把每日的施工进度分门别类。但真正俘获我心的是远方的基布兹。我曾在高中时加入青年运动，因此也见过这个犹太国家最伟大的拓荒者们，并向他们讨教学习。在学校，我们以学习为重；而在青年运动里，我们可以放飞梦想。我在童年时光一直将拓荒者们奉为重要人物，我已经确信，加入到他们之中就是最重要的使命，也是最崇高的呼唤。我想把城市的喧嚣和田野的安静作交换，着手探索改变这块土地。过了一段时间，我们组织的领袖艾拉南·伊沙伊 (Elhanan Yishai) 开始了解我要追寻的道路，非常好心地选择了我当他的助手。

"我想你应该考虑一下本舍门（Ben-Shemen）。"在一次即将改变我人生的谈话中，他对我如是说。这是我第一次听到这个名字。

本舍门青年村对不同的人意味着不同的东西。它由德国医生、教育家齐飞格·莱曼（Siegfried Lehmann）博士于一九二七年建立。它也一直是我所知的最美好的地方。

首先，它是不少人称之为家的地方，这些人包括在欧洲成为孤儿但最终独自抵达英属巴勒斯坦的勇敢而孱弱的孩子。但它远不止如此。它既是犹太复国主义的知识中心，也是一个学习犹太复国主义信条最实际的运用的地方。它是男孩女孩学习技能的一个地方，比如，如何在贫瘠的土地上定居，如何放羊、给山羊和奶牛挤奶，如何把种子播种到坚硬的盐渍土壤里吸取养分，以及如何正确打磨、挥动镰刀。它也是把男孩女孩训练成军人的一个地方，让他们了解犹太复国主义无疑需要一场战争。学生们学习如何射击、打仗，学习如何看星星辨别方向。但最重要的是，他们学习基布兹生活所代表的价值观：如何平等地一起工作，如何随着时间的推移建造并维持一个社区。它是把孩子变为领袖的地方。本舍门刚接收了一大拨来自欧洲的孩子，基布兹的领导希望他们能和那些早些时候从欧洲移民过来的其他孩子结对，让后者帮助新来的孩子尽快适应不同的生活。

我还没来得及回答，艾拉南又塞给了我一个消息。"你不一定非得去，"他说，"但我想让你知道，我已经推荐了你，因为我了解你家里的经济条件，我还为你申请了奖学金。"当时的我看起来肯定是一脸震惊。

"他们想你去，西蒙，"他笑着说，"而且他们会支付所有的费用，所以如果你想去做，决定权在你。"我从椅子上跳下来，径直跑回家告诉我的父母。我甚至没有征求他们的许可。我只是怀着一个十五岁男孩所有的激情和焦躁，告诉他们我的计划和希望。我确信，这就是我的命运。我想，他们能感同身受。

一九三八年，我来到本舍门，带着满脑子的想法和学习的渴望。我至今都记得第一次通过它的大门走进院子里的情景：中间是一个小小的广场，一栋栋朴素的平房环绕在四周。院子中央有两棵美丽的橡树，它们就像年迈的巨人见证了几个世纪的沧桑。大树底下站着一小群孩子，正围绕在一个看起来像老师的人的身边，认真地听她讨论当天的课程。

我被分配到一间空出来的木头屋子里，就在狭窄的土路尽头，和其他两个男孩一起快乐地生活。有时乍看起来，这里还真像是夏令营。我们会说笑话、互相恶作剧，也会在火炉边唱唱歌。我们会经过临近的山麓开始我们漫长而蜿蜒的徒步旅行，也会在做家务的时候玩各种游戏。对我来说，这是第一次也是第一个地方，让我真正交到了朋友。在特拉维夫，我是个局外人。在本舍门，我是受人欢迎的。

不过，尽管有同志间的情谊和偶尔的恶作剧，我们都敏感地意识到我们肩负伟大的使命，这个使命要远远大于我们自身的使命。我们不仅生活在犹太历史的最前沿；我们正用自己的双手塑造这一历史。我们每种下一颗种子、每收割一次庄稼，我们的梦想仿佛就会向更远处延伸。就在这块恶劣的土地上，我们将重建犹太国家——驯服这块土地、确保它可以养活数百万人的责任就落在了我们的身上。我们一再提醒自己：如果我们不能在我们的人到来时填饱他们的肚子，那我们又能给他们提供什么样的安全？所以我们不得不做好准备。

白天，我们在田间劳作或是在教室里学习。夜晚来临，我们站岗放哨。临近村落的阿拉伯人时常会向我们开火或是企图偷走我们的食物和供给。我曾被任命为一个哨所的指挥官，这个岗哨坐落在村子边缘一个加固的钢筋混凝土的建筑里。每当太阳落山，我就会爬上铁梯子、摆好望哨的姿势，我背靠墙，身旁是我的步枪。每次我都希望是一个平静的夜晚——但许多时候有人会向村里面开枪，许多个夜晚我也不得不向着黑暗开火。

每次站岗，我都会经过格尔曼一家的房子。格尔曼先生是我们的木工老师，我经常会看见他在前院锯长条木板。有时，我也会看见他的妻子在照料花园，浇浇花或是查看土豆的长势。我会挥手大声向他们问候。

在一个特别的夜晚，我看见一个从未见过的人光脚站在他们家的门口。她棕色的长发梳在脑后、编成辫子，露出动人的眼睛，这是个我从未见过的美人。我们的目光仅仅接触了片刻，在相互微微一笑之后，我的心已被她俘获。她仿佛彻底击垮了我，然后即刻又把我给重新组装起来。她叫索尼娅，格尔曼家的二女儿，就在这个村庄长大。每天晚上，我都会看见她，她总是赤足紧挨着一台割草机。我彻底被她迷住了。

有时我会鼓起勇气跟她讲话。不过她并没有被我打动。我也尽力而为了：我给她念诗甚至读卡尔·马克思的章节，但似乎没有什么突破。直到有一天，我请她陪着我一起去一块小黄瓜地。黄瓜的香味，那种自然的浪漫终于起了作用。她看我的眼神与往日有些不同——最终有点像我一直看她的眼神。

索尼娅是我的初恋，也是我唯一的挚爱。我知道，我会找到一个年轻的女人，她既温柔又坚定，在每个方面都是伟大智慧和力量的源泉。索尼娅允许我放飞梦想，但也让我脚踏实地。在我追逐自己最狂野的梦想时，她信任我、支持我，但她从来不让我太过激进。她是我的指南针，也是我的良知，二者的合体。在这世界上，我爱的人非她不可，而且不知何故——可能是因为某个原因——她似乎也做好了爱我的准备。

这是因为本舍门。这是一个我们白天看书学习、晚上持枪御敌的地方。一个我们可以听从内心召唤、追逐自己目标的地方；是我们的灵魂伴侣可以等我们一起散步的地方。

这也是一个充斥着政治戏码的地方。正是在那里，我完善了自己的政治观点，并且第一次有机会把这些观点付诸实践。实际上，就我们在本舍门从老师那里学到的一切东西而言，没有什么比我们暗中做的那些事情更影响时局发展了。本舍门是好几个政治青年运动的发源地，在这些组织中，学生们会就犹太人的未来、成立犹太国家的必要性以及创建犹太国家所需的策略进行辩论。但这种政治活动是官方明令禁止的，因此这些辩论一般都在晚上进行，以秘密的耳语或是慷慨激昂的诉求形式出现。这些是一代人之间的对话——最年轻的一代——这些对话源于这样的想法：我们试图建设的是我们自己的未来，我们想说的远非我们的语言可以表达。我们觉得，我们的使命仿佛要比保卫家园更加伟大，设想一个新型的社会也是我们的工作。这是基布兹体系背后的驱动理念，我们一直坚定拥护的一个想法。或许因为与自身利益休戚相关，还有因为我们的角色让人感觉如此重要，我们的辩论经常格外激烈。

尽管我们拥有共同的理想，我们中也涌现出大量的不同意见。一些基布兹的领导者是斯大林主义者，他们要求在基布兹内实行思想集体主义，他们视犹太国家为加强纪律和秩序的一种机制，希望可以复制苏联的体系。而我则相信，有的人曲解了马克思学说，其执政风格也并非社会主义理想。我相信，我们需要一个独特的体系，而非复制苏联的体系或是任何其他体系，我们的体制应该能反映出建立在犹太人道德准则之上的国民精神。就像赫茨尔曾经说的那样，"的确，我们渴求拥有我们的那片古老土地，但在那土地上，我们期盼的是犹太精神能绽放出新的花朵"。

随着时间推移，我渐渐成为这些秘密聚会的重要参与者，而不再是一个局外人。这些青年运动的早期经历改变了我，改变了我看待这个世界的方式，也逐渐改变了我的处事方式。当我越来越成为屋子里的主导声音的时候，我越发意识到我有多喜欢这样；还有，站在人群面前用话语而非其他来改变人们的思想和信仰甚至是历史，是多么有影响力。即使还是一个懵懂少年，我就为自己拥有独特而浑厚的男中音感到幸运，因为它令我的话语自带权威的光环，甚至在我还没有任何权威之前。

在本舍门的第二个夏天，我选择加入的青年运动——青年工作学习联盟（HaNoar HaOved）或者称为劳动青年组织（Working Youth），投票选举我为青年工作学习联盟全国代表大会的代表。我欣喜若狂。我从未对开垦土地的梦想有丝毫动摇，但我突然意识到，我拥有一个别人看来强大的技能——劝说别人的能力。我感觉自己已经承蒙召唤，机缘巧合为我开辟了第二条道路。

在接受这一职位的几个月之后，组织上要求我代表青年工作学习联盟北上去海法一趟。我原打算乘巴士前往，但当我向贝尔·卡茨内尔森（Berl Katznelson）——一位伟大的犹太复国主义思想家——谈及这一计划时，他向我提了一个更好的建议。

"实际上，时机非常完美，"他说道，"我的一个朋友下周正好驾车去海法。我相信我能在他的车里给你安排个座位。"

"那真的太棒了，"我问道，"你的朋友是谁？"

"戴维·本-古里安（David Ben-Gurion）。"他若无其事地表示。

在我的眼里，戴维·本-古里安可不是一般人，而是个传奇。他是英属巴勒斯坦土地犹太人的领袖。他为犹太人寻求独立，但他的最终目标不仅仅是建造一个犹太国家，而是完成我们的历史使命——变成一个照亮各国的"光明之国"——一个全人类的榜样。他有关未来国家的梦想——安全、牢固、民主和社会主义——也一直鼓舞着我，而他为此而战的紧迫感也一直令我钦佩。突然就这样，我可以与他共处两个小时，除了时间没有什么可以打断我们。

启程的前一晚，我睡得很少。第二天清晨的大部分时间，我都在想他可能会说的话以及我该如何回应。我试图想象他可能问我的问题，并试着练习如何应答，就这样，我一边盯着天花板一边悄声对着自己说话。我禁不住想，如果我可以给他留下深刻的印象，如果我能向他展示自己对各种问题了解透彻、对事业专注投入，没准他会记住我——也许我会脱颖而出。谁知道接下来又会怎样？

当我正坐在汽车后座上，本-古里安上了车坐在我旁边。他本人的头发显得比在照片上更白，他那几近全秃的脑袋的黝黑皮肤印衬得白发闪闪发光。他穿着一件外套，一副不大高兴的表情，不过那表情看起来更像是天生就在他嘴边，而不是他的性情所致——或者至少是我希望如此。

当我们驶离，他看我一眼、向我稍稍点头表示看到了我的存在。但在我可以介绍自己前，他已经将头转开。他把头靠在窗子上闭上了眼睛。不到几分钟，显然已经睡着，只留我在无尽的失望之中。

几乎整个旅程他都在睡觉。但当我们快要到海法时，汽车在土路上行驶，把他颠簸醒了。从我的眼角，我可以看见他正调整他自己，揉了揉眼睛、调整了坐姿。似乎我的机会来了。然后，没有任何征兆地，他转向我大声喊道："你知道，托洛茨基不是领袖。"

我不知道该想什么——或是说什么。我不理解，我们怎么就谈论起了这个话题，也不知道为什么他觉得我会对托洛茨基产生好奇，我甚至不理解他指的是什么。但是，我怎么会不好奇？

"为什么您这么说呢？"我问道。

一九一八年，在俄国革命之后，列夫·托洛茨基（Leon Trotsky）成为苏俄的第一任外交部部长[①]。他曾带领苏俄代表团参加和平谈判，以

[①] 应为外交人民委员。

期让俄国退出第一次世界大战。不过因为不满德国不断要求增加领土割让，托洛茨基决定干脆中断谈判。在未和德国人签署任何条约的情况下，他单方面宣布结束敌对状态。托洛斯基曾将这一提议描述为"不战不和"。

"不战不和？"本-古里安叫喊道，脸气得通红。"这是什么？这不是一个策略。这是一个发明。要么是和平并付出代价，要么是战争并承担风险——没有其他的选择。"

我再次不知该如何作答，不过这已无关紧要。在我可以想出一个精心的答案之前，本-古里安已经闭上了眼睛，又回到小睡状态。他没再说一个字。

＊ ＊ ＊

一九四一年我从本舍门毕业后，我们一群人被送往位于耶斯列河谷的盖瓦基布兹（Kibbutz Geva）继续接受培训。在本舍门，我们已经学习了种地所需掌握的技能。而在盖瓦，我们将学习在基布兹获得成功所需的技能。我有两份工作。第一份工作包括在田间工作。只有当我干完活——通常是日落之后——我再转向我的第二份工作，青年工作学习联盟在约旦河谷和耶斯列河谷一带的协调员。人们给了我一辆巨大而笨拙的凯旋牌摩托车，方便我和其他分会的成员会面。我们举行会议、辩论会，组织研讨会和公众讨论，充分利用我们所剩不多的醒着的时间说服其他人我们是正确的。

这些讨论的中心议题是领土问题。一九一七年，控制了大部分中东的英国政府发布了《贝尔福宣言》（Balfour Declaration），支持在以色列的土地上建立一个犹太人的民族之家的想法。但许多人都担心，我们未来的国家会降为一小块领土，因为太小、太贫瘠而不足以供养犹太人。他们认为我们不应妥协，并呼吁恢复古老的国界线——即便这样的要求可能永远也不会得到满足。我对这种想法不能苟同。就像古里安一样，我认为，最大的道德考量是犹太民族的生存，而非容纳这一民族的国家大小。并且正如古里安一样，我也担心，最大的危险是赢得了一个国家但它随即陨落。

围绕着这一议题的辩论很快在基布兹之间蔓延开来。与此同时，我和圈子里的朋友们开始了一项使命——从盖瓦向北跋涉二十五英里爬上宝利亚山（Mount Poriya）的顶峰，在那里，我们将建立阿鲁莫特基布兹（Kibbutz Alumot）。为了这一使命，我们受训已久。

自我们抵达的那一刻起，我便惊叹不已。随便从任何一个方向望去，我都能看见超乎寻常的美景。宝利亚山的山脚是波光粼粼、美不胜收的加利利海，远远的海岸线一直延伸到地平线那头。西面是宏伟的山脉，仿佛被人用长长的画笔刷成了紫色。还有一排排刚种下的小树苗，有天也会长成橄榄林和椰枣林。从右手边望去，我可以看到淡银色条纹状的约旦河蜿蜒流淌在河谷之间。向北，我可以望见高耸入云的赫蒙山（Mount Hermon），且一览无余。我突然觉得自己来到了世界的中心。长久以来我一直梦想的生活，如今已经在我眼前变为现实。放飞梦想的种种好处中，这无疑是最为优雅的一个理由。

一旦在阿鲁莫特安顿下来，我就接受了一项工作，它给了我第一次真正当领导的经历——不过不是领导人，而是羊。这两者还有惊人的相似之处，例如，一个牧羊人也许对羊群拥有某种权威，但仅仅是这样并不意味着他可以控制羊。有很多次，我想带羊下山，想让它们跟着我，却发现它们逗留在田间各处，对我的指挥毫不理会。掌握这项技术需要时间和耐心。我和羊必须找到一门共同的语言、形成一种共识。我必须了解它们的恐惧，就像这些恐惧是我自身的一样，只有这样我才会理解它们不会跟我去哪些地方——或是至少知道，什么时候我更加审慎地赶羊。在说明我的意图时，我必须既要体谅它们又要坚持已见——成为一个甚至在它们不情愿的情况下，仅仅出于信任，它们也愿意追随的人物。

在那些美好的时光，这宛若一段美丽的舞蹈、一段诗歌，还是一堂关于领导力的课，令我久久不能忘怀；也有恶劣的天气，尽管不常发生，仍然证明了自然界无法规避的事实——它们是野兽，不是人类——再怎么磨炼技能也无法矫正它们。即使我做到最好，我仍有可能遭遇最糟糕的情况。这也是我在耐心方面得到的教训，如果说没有其他的收获的话。

阿鲁莫特的生活并不容易。因为它的地理位置，经过山谷的大风接近我们安置点时会被卷起、风力加大，以难以置信的力度掀翻谷仓。我们脚下的土地富含盐分，抑制了庄稼的生长，逼迫着我们在刚开始的几年间严格地限量分配收成。有段时间，几名阿鲁莫特的成员就生活在一片险恶的黑色玄武岩废墟之上，这里原本是一个老安置点，二十年前惨遭失败而毁。我们就像是生活在墓碑之中，时时提醒我们：我们的努力可能白费。

对外人而言，很容易用阿鲁莫特基布兹缺乏的东西来衡量它。我们居住在帐篷里。没有通电也没有自来水。每个人只有一双工作靴、两条卡其布裤子和两件衬衫—— 一件在工作日穿，一件在安息日穿。基布兹拥有一条灰色的裤子和一件英国陆军战斗服夹克，这两件衣服只在最特殊的日子借给这里的男人穿着。而我们居住在这儿的人却更愿意用阿鲁莫特基布兹给予我们的东西来衡量它。它赋予我们一种意义和使命感。它给了我们一个比已知任何家庭都要大的家庭，给了我们比自身的目的更加宏伟的目的。艰苦对于我们而言并非麻烦，而是我们在这里的原因。

因此我们努力工作着。我们清理石头、改造土壤；我们在贫瘠的土地上开垦出大片地带、播下种子，直到它们屈服于我们的努力。

每天清晨，早在日出之前，我都会打开羊圈的围栏，让羊从宝利亚山上走下去，在间或出现的草场上的岩石间吃草。下山的路非常险峻，在黑暗中更是如此。但是，当太阳升起的时候，苍蝇就会回来折磨羊群，因此还是在夜间喂食更好。

我并不介意。恰恰相反，我喜欢独处的时间。有多少个夜晚我坐在一块岩石上，看着星星倒映在山下静止的水面之上？数不胜数。在那些日子，我一心想成为诗人或是建筑师，可以用语言或是石头搭建起东西来。对于一个满怀志向的作家，在这世界上哪儿还有比这里更好的地方、更好的栖息地能让他的诗歌插翅飞翔？

在这里，我度过了人生最快乐的一些日子，当索尼娅选择和我团聚，这些日子变得更有意义。二战开始时，索尼娅被英国军队征召为随军护士，曾经驻扎埃及。现在她回来了，决定来阿鲁莫特投奔我。一九四五年五月一日，犹太人的篝火节这天，我们在本舍门举行了一个小小仪式，在简单的白色彩棚下我们结了婚。我不得不借来阿鲁莫特那条正装裤子和外套，虽然对我来说它们已经有点短了。我们婚礼的前夜，我用鞋油把外套染成黑色。

然后，某天早上，本-古里安最亲密的顾问列维·艾希科尔（Levi Eshkol）从邻近的基布兹突然造访阿鲁莫特，带来了本-古里安本人的请求。在那些日子，艾希科尔已经成为运动中的重量级人物，一个我们非常崇拜的人。看到他出现在我们中间已经令我震惊，而令我更为震惊的，是知道他部分因我而来。本-古里安已经开始担心，年轻一代正偏离他提出的以色列国的愿景。他相信，犹太人的命运取决于他赢得这场辩论。这也是他为什么派艾希科尔——要求阿鲁莫特免除我的务农职责，把我为青年工作学习联盟进行的夜间工作变为全职工作。本-古里安知道，年轻一代代表了未来，而且他一定感觉到年轻人更有可能被他们的同辈说服。至少我会这样对自己解释，虽然我很难理解本-古里安是如何在所有人中选择了缺乏经验的我参与如此重要的使命。

当我抵达青年工作学习联盟位于特拉维夫总部的那一刻，我就知道了为什么艾希科尔要来找我。青年工作学习联盟的秘书处共有十二名成员，但看起来我是唯一一个支持本-古里安建国方案的成员。会议如此之片面，以至于完全没有任何价值。其他人充满怀疑地看待我，认为我是艾希科尔的传声筒。我提交的任何提议立刻会被否决。我发起的任何争论无一不被压制。很快我就发现，唯一有助于解决问题的方式就是改变秘书处人员的组成。这只有在青年工作学习联盟举行全国代表大会的时候才有可能实现，而且，这需要绝大多数与会代表的支持。这些代表会是哪些人，以及他们最终会支持谁都还是个未知数。与其日复一日地在那里被人猛拍，我干脆不再去特拉维夫的总部，而将我的工作重心放在了田间地头。

一次次地，我骑着那辆已磨合得灵巧无比的摩托车，行驶在同样的路上，造访每个愿意见我的青年工作学习联盟分会。每次造访，我都会宣扬自己的观点、代表那些再也等不起的人强调建立犹太国家的紧迫性。我见了成百上千个人，向任何愿意听的人提出自己的立场。我告诉他们，要确保他们送往全国代表大会的代表是本-古里安的支持者，并且要求他们投票反对秘书处，转而支持我。

一九四五年九月二十八日，青年工作学习联盟全国大会在特拉维夫的穆格拉比电影院（Mugrabi Cinema）举行。我紧张极了。除了大厅里的代表，还来了本-古里安所属政党"以色列地工人党"（俗称Mapai，下称以色列劳动党）的许多知名领袖。当与会代表拥入大厅，我站在登记台边，正在准备一份详细的参会人员名单以及他们将如何投票。但我仍然对结果很不确定。

首批讨论的议题是采纳政纲。代表们面临着两个选择。第一个来自青年工作学习联盟秘书长本亚明·乔克罗夫金（Binyamin Chochlovkin），代表了"大以色列"的立场。另外一个则来自我自己，它反映了以色列劳动党的立场。本亚明得到了秘书处以及犹太复国者运动绝大多数人的支持。但令他、显然也令我吃惊的是，我却得到了在场代表的支持。代表们一致认为，一个今天分段而治的巴勒斯坦显然要比明天的"大以色列"更加可取。当他们投下各自一票的时候，我的提议大获全胜。

双方都没有预料到这一结局，大厅里随之而来的嘈杂说明了这一切。以色列劳动党的领袖纷纷向我问好，把我当作征服一切的胜利者。大会结束时，我俨然成为运动的领袖，当选为青年工作学习联盟的秘书长。一下子，我心目中那些伟大的英雄都知道了我的名字。我不再是那个搭乘同一辆车去海法的那个不知名的男孩了。

* * *

一九四六年十月二十日，我们有了第一个孩子茨娃，一个漂亮的小宝宝。我们用我深爱的已故祖父的名字给她起了名。我们从帐篷中搬了出来，搬到了一座小房子里。

同年年底，第二十二届犹太复国者代表大会即将在瑞士西北部城市巴塞尔（Basel）举行，这也是大屠杀之后第一次举行这样的会议。上一届大会是在第一次世界大战开战前几日举行的，大会在犹太复国组织会长、未来以色列的第一任总统哈伊·魏茨曼（Chaim Weizmann）的预言般的话语中临时休会。他说："我除了这句话没有其他的祈祷：愿我们都能活着再次见面。"

甚至在战争开始之前，世界就已经不可逆转地发生了变化。

一九三九年五月，英国政府发布了政策性文件"白皮书"，隐晦地背叛了犹太人。一九一七年，英国外交大臣发布《贝尔福宣言》，支持"在巴勒斯坦建立一个犹太人的民族之家"，而白皮书则是对这一宣言的彻底抛弃。英国政府决定，如果犹太人要居住在英属巴勒斯坦，他们就应永远是少数民族，因此英国政府开始对犹太人的移民设置严格的限制，冻结了我们继续购买土地以定居的能力，这一政策不啻是对犹太人建国判了死刑。因为阻止犹太人移民的这一政策，相当于对无数正在逃离纳粹魔爪的犹太人判了死刑。如果还渴求独立，我们则必须接受英国人的挑战。

一九三九年九月，希特勒入侵波兰，随即开始称霸世界、灭绝犹太人的征程。两天之后，英国对德国宣战，自相矛盾地变成我们最重要的朋友兼第二大敌人。本-古里安这样清晰地分析了这一关系的复杂性以及犹太复国主义面临的新挑战："我们必须帮助英国军队，就像没有'白皮书'一样；我们必须反抗'白皮书'，就像战争没有发生一样。"

尽管针对犹太人的军队整装待发，右派之中仍有许多人反对本-古里安改变立场。他们倾向于对英国政府缓慢、稳步地妥协，而非本-古里安提倡的更为激烈的方式。这惹恼了本-古里安，他认为没有任何理由不采取行动，决不能身处被灭绝的危险还无动于衷。

一九四六年，战争已经结束，又到了在巴塞尔重新召开会议的时候。以色列劳动党决定派两个更为年轻的成员充实到代表团中。我很快得知，本-古里安选择了我作为其中之一。另外一个年轻人比我年纪稍长，英俊、聪敏、和我一样对本-古里安绝对忠诚。他的名字叫摩西·达扬 (Moshe Dayan)。

一九四六年十二月，我们一同登上了轮船。自从十多年前抵达雅法，这还是我第一次出国旅行。似乎所有的犹太复国运动领袖都在船上,而我也站在这里与他们同行。

在上层甲板上,摩西和我很多时间都在一起。我们是船上最年轻的两个。尽管我们之间有很大的不同,但很快在对方身上找到了友谊和相互尊重。

我们花了几个小时的时间,专心地谈论对辩论的看法以及对大会的期望。我们都坚信本-古里安的立场,愿意使用武力支持人们不受限制地继续移民到英属巴勒斯坦,不管英国政府认为其合法或是非法。在某一时刻,达扬甚至建议,我们烧毁英国人用来拘留返家途中被抓的犹太人的营地。在达扬身上,既有战略家又有斗士的影子,他既是我的平等之辈,又是我的导师,一个让我深深崇拜之人。

步入举行大会的大厅,有些东西令人伤感。在将近五十年之前,西奥多·赫茨尔就是在此处召集了首届犹太复国主义者大会。历史仿佛在屋子里重现,对我们所有人而言,前途未卜。从我座位上望去,我可以看到魏茨曼、艾希科尔和本-古里安坐在讲台上,和他们一起的还有犹太复国运动中其他每一位举足轻重的人物。

我也可以清楚地看到空着的座位,对位子的主人而言,魏茨曼在一九三九年的祈祷显然没有应验。在魏茨曼的回忆录中,他写下了主持这次会议的"可怕经历",站在大会全体成员之前,却"发现其中几乎找不到一个曾经为上一届大会增光的友善面庞"。人数最多的代表来自英属巴勒斯坦和美国,除了少数几个例外,屋里缺少了来自欧洲的犹太人,这种缺席令人生畏。

可是,尽管成千上万的大屠杀幸存者被英国人拒绝进入英属巴勒斯坦境内,大会举行的节奏不紧不慢,仿佛没有一丝真正的紧迫感。真正的辩论则是围绕着我们是否应该采取必要的措施——任何足以使那些幸存者返回家园的措施。本-古里安非常气恼,这也可以理解——政治主张不温不火,大会纠结于官僚主义的细枝末节,而其中最令他气恼的是，大会缺乏他深知的我们所需的勇气和承诺。在第一次会议结束之时，事态已经明朗，本-古里安的提议并未获得支持，对此他深感挫折。

第二天早上开会时，我没有看见他的人影。记得当时，我正坐在以色列劳动党主要代言人、本-古里安的朋友阿耶·巴哈（Arye Bahir）的旁边，我们正讨论事态发展令人沮丧的时候，本-古里安的妻子鲍拉愁云密布地走进大厅，尽可能快地走到我们身边。她径直走到巴哈身边，紧靠后者，用意第绪语烦躁不安地耳语。

"阿耶，他已经气疯了。"我听见她说，"你必须阻止他。"她接着说，"他准备离开了。"

尽管巴哈和我能体会本-古里安对大会的失望，但我们都本能地知道，他离会将带来严重的问题。本-古里安被视为一位独具特色的领袖，不屈不挠，也有远见；我们的运动少了他就不可能成功，即使是他最猛烈的批评者也不得不承认这点。并且，他的确也是唯一一个可以说服党内成员支持他提出的未来国家计划的人。鲍拉敏锐地意识到这点。我们被召来不是为了平息一场争论的，而是为了拯救这场运动。

巴哈站起来和鲍拉一起，然后他示意我加入。我们离开了大厅，走到本-古里安待的酒店房间——这也是赫茨尔一八九七年在第一届大会期间住过的房间。我们走到门前，敲了几下门，屋里没有应答。也不知道我身上哪儿来的勇气，我转动了门把手。门没有上锁。本-古里安就站在那里，背对着我们，正生气地把衣服塞进一个打开的行李箱里。

"您好，本-古里安，"巴哈试探性地说道。本-古里安没有回答。"您好？"还是没有回答——根本就不理会我们在那儿。最后，本-古里安发话了。

"你们和我一起走吗？"他问道。

"你准备去哪儿？"巴哈问道。

"去发起一个新的犹太复国运动，"他咆哮道，"我对这届大会已经没有信心了。里面充斥了三流的政治家，失败主义态度的可怜虫。他们不会有勇气做出我们现在需要做的抉择。"

"我们民族三分之一的人已经被灭绝，"他继续说，"幸存者除了在我们的家园重建他们的生活之外别无选择。这是唯一一块应该敞开大门迎接他们的土地。他们难道看不见这点吗？"

然后，他向我扫了一眼——一个眼睛睁得大大的二十三岁男孩。"只有年轻犹太人拿得出勇气迎接这一挑战。"

巴哈告诉本-古里安，自己当然是和他站在一起的，他不管去哪儿，我们都会追随他，没有他犹太复国运动是没有希望的。本-古里安意识到我们是真正的联盟，冷静下来与我们长谈。我们告诉他的话不假：他已经变成了运动的核心所在——一个我们不可或缺的领袖。但我们也知道，离开发起一个新的运动并不是解决紧急问题的方法。组织这样的行动肯定需要好几年的时间，我们根本不必浪费这几年。因此，巴哈和我提出了我们想得到的唯一一个建议。在我们离开大会之前，我们想让本-古里安最后一次向以色列劳动党的不同派别游说他的愿景。"如果大多数人同意，我们就留下；如果不是，和他一起离开的一定不止我们两个，更多的人也会离开的。"疑虑重重的本-古里安思考良久，最终接受了我们的建议。

没过多久，本-古里安生气的事和他发起新运动的想法在以色列劳动党内传开了。在这场战斗中失去本-古里安的利害，显然不止巴哈和我两个人理解。那天晚上，以色列劳动党召开了一个会议，由果尔达·梅厄（Golda Meir）主持。果尔达那时已是犹太复国运动中的巨擘，也是本-古里安的密友和顾问。她后来成为了签署以色列《独立宣言》的两位女性之一，以色列的第四任总理。这场辩论唇枪舌剑、激情碰撞，一直持续到夜里。当太阳快要升起之时，终于迎来了最后投票。果尔达计票结束，我们得知了结果：本-古里安以微弱优势获胜。激进主义者的方法胜出，这场运动得以存活下去。

这是一个非常重要的胜利，不仅仅是在当前的政策层面。我和其他许多人感觉，仿佛本-古里安已不可阻挡，没有任何事、任何人可以阻止我们实现我们的使命。实际上，就在那一刻，我感觉犹太国家刚刚已经诞生，一些崭新和强有力的东西也在我身上蠢蠢欲动。有生以来第一次，我暗自承认，写诗和放牧的生活并不是我全部的梦想。我曾如此急切地想加入那些拓荒者们。但是，为一个犹太国家而战，正如本-古里安所为那样——不容拖延、富有想象力和道德感的领导力——这也是另外一个战线，它正向我召唤。

回到索尼娅和茨娃身边，我怀着极大的崇敬之情回顾了本-古里安的胜利。当然，他是因为他才华横溢的雄辩而赢得辩论，并且我也坚信他观点的正确。但是，我也看到了其他一些东西，它们在日后强烈地影响着我对领导力的思考：当他最为沮丧、最想一走了之的时候，他仍对两个经历和智慧远不及他的年轻人的意见保持开放的心态。他几乎快要放弃辩论的大局，但是他从未放弃他对辩论的信仰。在我职业生涯中，我将遇到无数这样的情境：党派间充斥了猜忌和愤怒，似乎所有的大门都已经关闭。本-古里安则向我展示，倾听不仅仅是成为好领袖的关键因素，它就是那把钥匙，开启因激烈争执和无奈放弃而被砰然关闭的大门的一把钥匙。

那时，我还没有意识到，今后我会有多少次回想起在酒店房间的那一刻——或是会有多快。

第二章
独立、联盟以及为安全而战

一九四七年五月一个晴朗而美丽的下午，我正坐在山坡边的一张椅子上看守两只山羊。加利利海岸大雾弥漫，迎面而来的风里夹杂着细细的水汽。

"西蒙？西蒙？"我听到身后有人叫我，转身看到一个好友正使劲儿向我跑来。

我吃惊地站起来，关切地问道："怎么啦？"

他气喘吁吁地说："列维·艾希科尔来了，还带了封本-古里安写的信。"

"信里写了什么？"

他又顿了顿，歇了口气。

"你，是关于你的。"

很快我就得知，约瑟夫·伊兹拉利是代艾希科尔传话、来带我走的。基布兹的所有成员被召集起来开了一个特别会议，信的内容也在会上公之于众。原来，本-古里安写信请求再一次解除我在基布兹的重要职责，而让我承担另一项工作——为地下犹太军队（被称为哈加纳，后来并入以色列国防军）服务。尽管是本-古里安提出的请求，按照规定，还是需要阿鲁莫特的成员投票才能决定我的去留。因此，本-

古里安并不意在下令，而是劝说大家。他相信，我们的独立战争即将到来，这意味着我们下一步的要务在于完善军事准备、聚焦安全事宜。他在信中写道："把这看成是基布兹众多任务中的一个，一个崭新的工作领域。"希望借此说服基布兹的成员，这一新使命对他们自身也是至关重要的。经过短暂的讨论，为了共同的事业，成员决定投票达成本-古里安的愿望。我随后向位于特拉维夫的哈加纳总部报到，这是一座坐落在哈雅空街上的红色房屋，毫无悬念地被称为"红房子"。

对本-古里安的请求，我为之自豪，并且欣然响应。但是，怎么做才能有所帮助，我当时并不十分确定。除了保卫本舍门，我从未接受过其他训练。我对组建军队或是为战争做准备也一无所知。

当我走进红房子，我遇见的一个熟人让我稍稍放宽了心，他也是阿鲁莫特基兹的成员。"你知道我应该去哪儿吗？"我问他。

"不知道，"他回答，"没有人告诉我你要来，你知道你要做什么吗？"

"不，我不知道，是本-古里安让我来的。"

"我明白了，好吧，参谋长雅科夫·多利（Yaakov Dori）病得很严重，他的桌子和椅子是空的，你为什么不暂时坐那儿？"

几个小时之后，本-古里安走进办公室，走在他左右两侧的是他的军事顾问。经过我身旁的时候，他用眼角瞥了我一眼。

"西蒙，很好，你在这里。"他说，然后从口袋里掏出几张皱巴巴的纸递给我。这是一份有两列内容的清单，一列长，一列短。

"这些是我们已有的武器，"他指着第一列说道，"然后这是我们需要的武器。如果我们只有我们现有的，我们就完了。"

本-古里安的担心不无道理。联合国的最近进展表明，联大有可能投票决定建立一个分段而治的巴勒斯坦，这将建立起一个犹太国家。独立地看，这件事值得欢欣鼓舞。但本-古里安却深感担忧。他预料到,新成立的犹太国家将很快面临战争,无论是来自新的边境内部,还是来自它的阿拉伯邻国。他说:"一个刚刚诞生的新国家,如果它很快被扼杀在摇篮里又有什么好处?"基于这个原因,本-古里安决定让哈加纳转型:要确保新成立的国家拥有军队自我防御。"这将不再是一小簇士兵的战争,"他说,"建立一支现代军队至关重要。"

"我能做什么?"本-古里安递给我这份大量的武器购买清单时,我问他。

"很简单,"他说,"尽快为我们找到这些武器。"

我回到借用的桌子重新审视这份文件,但却发现像在看一份用我不懂的语言写成的购物清单。我打开桌子抽屉想找本记事簿和铅笔开始记笔记,却注意到抽屉里躺着一封信。信是一位将军写给本-古里安的,信上说一定要救多利;从信里还可以看出,写信的人被任命接替参谋长的职位,不过他拒绝了这一任命。

"我不希望当六天的参谋长。"他在信中写道。我丝毫不明白他说的意思,于是让一个同事解释给我听。

"为什么将军拒绝这份工作呢?"我问他。

"许多原因。"

"比如说呢?"

"子弹。"他说。

"你是什么意思呢?"

"你看看这个清单,"他边说边指着清单上我们拥有武器中的其中一项——"六百万发子弹。"

"这听起来挺多的。"我说,那人大笑起来。

"如果战争真的来临,我们一天就需要一百万发。"那人离开之前,又加了一句,"这工作不简单啊。"

这就是这位将军信中所言——他不愿以不到一周的弹药装备发

动自卫战争。这听起来有些让我震惊，有两个原因。第一，包括我在内的所有人都知道，这个国家即将在战争中面临危险，极大的危险。但更大的危险是什么？因为装备不足，我们将在一周之内耗尽弹药装备，这才是可怕的前景。但比这个事实本身更令我吃惊的是，如此老将被委以这一重任，而他却畏难而退。本-古里安不是要他去给一个无足轻重的小任务搭把手。他要求这位将军去襄助最为重要的项目："去为一个还未诞生的国家做防御工作，去实现犹太复国主义的梦想。"这项挑战的重要性也许看起来压倒一切，但是，还有什么可能的回答比一个坚定而充满希望的"是"更无愧于我们的历史和未来呢？

我仿佛听见祖父的话语回响在我的脑海中，"永远做个犹太人"。身为犹太人对我意味着许多事情，但首先和最重要的，意味着拥有道德勇气代表犹太人去做任何需要做的事情。那时，我也许经验尚少、级别也不够，以至于对本-古里安清单上的武器知之不多，但是有关弹药、联盟、武器和战争的决定可含糊不得。我决定张开双臂迎接而非逃避这一挑战。

* * *

在许多人眼里，我是个充满矛盾的人。在过去四十年间，我一直被视为以色列最直言不讳的温和派，一个异乎寻常关注和平的人。但在我职业生涯的头二十年间，我并非在追求和平，而是在准备战争。有一段时期，我还被认为是以色列最旗帜鲜明的鹰派人物。根据这一观点，人们推测我一定是改变了，随着道德观念的彻底转变，我的努力方向和观点也发生了变化。这一描述看似包含着某些合乎情理的成分，但它却产生了一个悖论，因为这些都不是真实的。改变的并不是我，而是时局发生了变化。

和平是一个目的——一个值得追求的目的，而战争却只是一个功能——除非情非得已，没有一个理性的人会喜欢战争。当和平的可能初现时，我全身心地去追求它。当阿拉伯领袖们愿意谈判时，我会说我也倾向于协商。先哲们的远见卓识体现在和平和正义、道德与宽容的结合。"他们要将刀打成犁头，把枪打成镰刀。"《摩西五经》这样告诉我们。"这国不举刀攻击那国，他们也不再学习战事。"[1] 这些言语就是犹太先哲们的指路明灯。但必须牢记的是，有时我们身处迥然不同的境地；在那些时候，我们的阿拉伯邻国一心只想毁灭我们。有段时间，犹太人简直置身于敌人的汪洋大海之中、手无寸铁，那是一段时时刻刻危机重重的日子。那是和平来临前的岁月——那时的我是个不折不扣的鹰派人物。

我们邻居的险恶意图还不是令我们濒临毁灭的唯一原因。中东正处于西方的武器禁运之中，因为美国、英国和法国承诺在中东事务上保持中立。实际上，以色列是武器禁运的唯一真正受害者。即使西方国家并没有向我们提供武器，苏联人还是急切地向威胁毁灭我们的阿拉伯国家提供武器。因此，我们的敌人可以用自由买卖的武器来装备他们本已强大的军队，而我们只有可以坚持六天的弹药装备；一个绝大部分由农民、大屠杀幸存者组成的民兵组织，没有接受过正式的训练；一旦遭袭，也没有明确途径获取赖以存活下去的武器。

唯一保护我们自己的方法是突破武器禁运——以不合法的方式购得武器，然后秘密地运回国。

几天前，我还在基布兹给牛挤奶。而现如今，我已置身于人生中最富戏剧性的时期之一。我和武器交易商交朋友，和武器走私者合作。我用假护照执行秘密使命，在暗中尽可能多地购买武器。一段时

---

① 引文出自《圣经》（和合本）。

间之后，我也开始熟能生巧，不仅对我们寻求的武器的微小细节了如指掌，也对如何运作获得这些武器深有心得。我不停学习，从某种类型步枪的内在缺陷到横跨大西洋的战舰所需的燃油供应。为了使最好的装备及时送达，你既需要随遇而安，又不能放弃自己的主张，对于这看似矛盾的两者如何很好地结合，我也变得游刃有余。但在刚开始时，我所知道的一切就是我的任务非常关键、没有时间可以浪费。我充满好奇地尽可能去学习这些技术细节，但我对为什么必须如此去做一点都不好奇：它无需多加思考。

只有一个国家愿意直接给我们运送武器：捷克斯洛伐克。铁幕后的其他卫星国家全都加入了针对我们的武器禁运，但斯大林在西方武器禁运中看到了机遇。他相信，支持我们这个年轻的社会主义国家，会让我们更向它这个共产主义老大哥靠拢。因此，他让捷克人向我们提供我们急需的武器。我们收到的武器还有一层震撼的象征意义：大多数的武器是在被德国人占领的捷克领土上，由纳粹建造的工厂里制造出来的。这些同样的武器曾一度被用来攻击我们，但现在却被用来保卫我们。

在我来到哈加纳总部的六个月之内，我已经帮着囤积了难以置信的珍贵武器，而且完成得非常及时。在一九四七年十一月的最后一个星期，对联合国第一八一号决议经过长达两个月的辩论后，联合国大会终于结束辩论。如果这一决议通过，它将终结英国对巴勒斯坦的托管，将其一分为二：一个阿拉伯国家和一个犹太国家，由此会带来我们的独立以及可能的武装冲突。但不论政府内外，无人知晓这一决议是否会在投票中获胜。采纳该决议需要获得三分之二成员国的支持，这一挑战更像是攀登峭壁，而非爬山。十一月二十六日，手中握着我们命运的成员国代表一个接着一个上台发言，而我们则从收音机里收听着这场辩论。

阿拉伯国家一致反对这一决议,理由是联合国甚至不具备研议这个问题的权力。来自沙特阿拉伯的代表将这一决议称为"公然的侵略",接下来的叙利亚的代表则称其为"有史以来最大的政治丑闻"。曾经一度反对分治计划的苏联则是该决议的第一个支持者,坚决主张一个国家的解决方案是"行不通和不现实的"。在同一场讲话中,这位代表驳回了阿拉伯国家的主张,并且坚称联合国不仅在国际和平的名义下有权干涉,而且这么做也是《联合国宪章》规定的义务。

直至辩论结束,我们仍不知是否会获得足够的支持。即使是在投票之日一九四七年十一月二十九日,还有七个国家尚未宣布他们的立场。尽管我们得到了许多国家的承诺,但我们并不确定所有这些国家能信守诺言。

当黄昏降临,几十号人聚集在特拉维夫的大卫之星广场,人们装好扩音器准备直播投票情况。随着喧嚣散去,我们听到联大主席奥斯瓦尔多·阿拉尼亚(Osvaldo Aranha)要求对这一决议投票。我们聚精会神地听着,和世界各地的犹太的群体一起仔细聆听。

"阿富汗?否决。阿根廷?弃权。澳大利亚?赞成。"

先是国家的名字被一一叫道,接着听到的是这些国家的答复,这些声音响彻我们的耳朵,我们感觉仿佛已完全停止呼吸。本-古里安和我边听边踱着步,仿佛我们的步伐可以加快时间的流逝。

"萨尔瓦多?弃权。埃塞俄比亚?弃权。法国?赞成。"这一回答突然在大厅内引发混乱,紧接着的是一阵激烈的敲锤声。

"我呼吁,希望公众不要对这场辩论里的投票有任何干涉。"联大主席警告说,他显然针对的是聚集在旁听席的人们。"你们对本届大会做出的这一严肃决定会有何种反应,我是有把握的,"他继续厉声说道,"因为我已经决定,不让任何人来干涉我们的决定。"

过了一会儿,当剩下的代表逐一投票,人们在广场上紧紧挨在一起,期盼着——如果还不敢相信——一些特别的事情即将发生。

"乌拉圭？赞成。委内瑞拉？赞成。也门？否决。南斯拉夫？弃权。"我们再次听到小锤响起,这次是提示投票结束。然后是即将改变犹太人历史进程的简单话语:"三十三个国家赞成通过这一决议,十三票反对,十票弃权。"

人群中爆发出刺耳的欢呼声。有人热情拥抱,有人发出质疑的笑声,有人流下希望和快乐的眼泪,有人陷入片刻的沉思。消息传遍特拉维夫,犹太人自发地涌上街头。本-古里安和我站在一起,看着成千上万的犹太人互相牵手、一遍遍地跳着传统的圆舞。在我们两千多年的历史中,重返家园是我们民族最雄心勃勃的梦想,没有之一。此时正好是西奥多·赫茨尔倡导的"为可以庇护犹太民族的房屋打下基石"刚过五十多年。就整个世界的历史而言,我们用惊人的速度做到了这点。但回顾我们自身最近的历史,最直接的是六百万无辜者惨遭杀戮,欧洲犹太人几近灭绝,我们永远不能忘记我们几乎已经为时太晚。

人们很容易被此刻的奇迹冲昏头脑,但本-古里安和我深知庆贺为时过早。单凭联合国决议本身是不会保证我们自动拥有我们自己的国家的。

"今天他们在街头跳舞,"本-古里安对我说,"明天他们将不得不血洒街头。"

他是对的。在决议通过后的日子里,我们开始接到阿拉伯民兵袭击安置点犹太人的报告。我们收到发自中东的电报,内容令人悲伤:因为对投票结果不满,犹太人遭到报复性袭击。从详尽的描述中,我们得知叙利亚的犹太会堂和房屋被大面积毁坏、化为灰烬;从埃及到黎巴嫩,暴徒们一路追捕犹太人。阿拉伯联盟已经宣布了它的意图——发誓要阻止决议实施,并把犹太人赶走——在以色列国还未被划入版图之前就毁掉它。他们已经开始履行这一黑暗誓言。

正是在这种情况下，本-古里安开始起草一份正式的独立宣言。尽管联合国决议在十一月一经通过，英国人就失去了在巴勒斯坦地区的托管权，但他们还没有确定离开的确切日期。现在看来，他们会在一九四八年五月十四日周五、午夜钟声敲响时撤走他们的最后部队。本-古里安则打算在他们离开之前公布这份宣言，以保证在英国人托管结束和我们独立开始之间不留空白。

在那些狂乱的日子里难得的安静时刻，占据我心的不仅仅是眼前的工作，还有我的大女儿茨娃。不知世界为何物、只知道父母之爱的茨娃刚刚学会了叫爸爸。"阿爸，阿爸！"我可以在脑海里听到她一遍又一遍地叫着——一声动听而挥之不去的提醒，时刻提醒着我在这即将来临的战争中什么才是最重要的。

一九四八年五月十四日下午，安息日开始前的最后几个小时，我正坐在桌前为战争做准备，本-古里安则站在特拉维夫艺术博物馆的一个讲台正中，准备发表致敬我们国家的讲话。由于安全风险巨大，我们确保出席的客人和记者在会议开始几分钟之前才知道这次会议以及举行的地点。当部长们一路通过哈加纳仪仗队和记者的闪光灯时，喧闹声吸引了欢呼的人群涌上街头。在即将命名为"以色列爱乐乐团"的乐团演奏的音乐声中，参会者走进博物馆的一个展厅，墙上挂满了特拉维夫市长梅尔·迪岑哥夫（Meir Dizengoff）的私人收藏——这些画由犹太艺术家创作，刻画了流亡两千年之久的犹太人的生活。

十三名临时执政部长在讲台上就座，依次排列在本-古里安的两侧。在本-古里安身后是一幅赫尔茨的肖像，前者是带领我们走进这一时刻的男人，而后者则是带领犹太人开始这一旅程的人，他曾为我们所有人编织了一个伟大的复国之梦，此刻，他正亲眼目睹这一梦想的实现。

本-古里安敲响小木槌让屋里的人保持肃静，群情鼎沸，那些聚集在屋内的人突然自发地唱起《希望之歌》——曾经被英国人禁止的犹太复国主义的赞歌。然后，本-古里安说出了以下这段话，这是所有在场人士等了一辈子希望听到的话："我们在此宣布，在巴勒斯坦建立的犹太国家将被称为以色列。"现场爆发出一阵热烈的胜利掌声，一些人则徐缓地流下了悲伤的眼泪。这随即提醒了我们，我们这一路已经走了多远、我们又失去了多少东西。

仪式结束时，乐队演奏起了《希望之歌》，听众们恭敬地保持站立。如果说他们刚才齐声所唱的是一个国家的行动号角，这个国家的人民曾被驱散至四处，但都怀抱着一个共同的梦想，那现在响起的曲子则意味着更多，它不仅仅是一个充满希望的战斗口号，还是历史性的偿愿；它不再是一个运动的赞歌，而是一个主权国家的国歌。

以色列公共电台现场直播了这一事件。《独立宣言》以惊人的速度传遍整个国家和全世界。在人们简朴的家中，尽管还存在着巨大的不确定因素，以色列人民听到了本-古里安的讲话。他们代表着上百万死于纳粹之手的犹太人，还有全世界上百万依然一直处于危险中的人们，听到了本-古里安的讲话。他们代表着过去听到了讲话——代表着那些最早开始返家旅程、在存亡关头发挥想象力并用其开辟道路的先驱们。他们还代表着一代又一代尚未出生的犹太儿孙听到了讲话，这些后代们也正是我们长达几个世纪的斗争的唯一目的。

正如预料的一样，一旦得以独立，我们立刻面临着来自四面八方的战争。五月十五日，叙利亚、埃及、约旦和伊拉克对以色列发动了袭击。在北部，叙利亚派出了用坦克、装甲车、炮兵连武装起来的一个旅的兵力袭击了加利利海另一侧的犹太定居点。埃及军队则从南部入侵，袭击了附近的城市、定居点和基布兹。他们对以色列的空军基地、南部的定居点发起了袭击，最后袭击了特拉维夫中央汽车站，并将其彻底摧毁。与此同时，约旦也将阿拉伯军团开进耶路撒冷，引发了开战以来最激烈的一些战役，他们切断供给，断粮缺水的不仅是士兵，城市居民也危在旦夕。

人数上不占优势、武器上也处于劣势，而我们却拒绝认输，我们的军队竭尽所有进行抵御。在加尼亚基布兹，叙利亚军队遭到了用燃烧弹和手雷装备起来的以色列抵抗部队的突然拦截，叙军每进入一个基布兹，都会遭到以色列人的反击，令他们无法前进。随着来自捷克斯洛伐克的大批武器到来，以色列空军可以飞上长空、对敌人的入侵给予强有力的反击，比如令进犯的埃及人陷入一片混乱，也有效地终结了伊拉克的入侵。

因为英国人不再控制边境，一大批犹太移民得以返回以色列。其中一些人直接从纳粹的集中营走进难民营，然后在那里等待获准去以色列。例如在塞浦路斯，大约两万两千名犹太人等待了两年之久。最近一段时间，其他一些人则被迫从邻近的阿拉伯国家离开。经历了危险的旅程之后，他们到达以色列却发现无家可归，于是转身为他们的新国家而战。一九四八年五月我们开战时，我们的部队只有不到三万五千人。而到一九四九年战争结束前，超过十万人为犹太复国事业拿起了武器。

以色列国防军以非凡的勇气战斗在前线，执行着本-古里安从总部制定、发出的指令。总部制定和下达战争的计划，并处理和分析情报。大前线的英雄们好比是跳动的心脏，而总部则是它的大脑。新成立的国家正处于水深火热中，军队急需现代化基础设施，我们没有空闲的时刻去深度思考和耐心分析，只能竭尽所能地去建造。有时，休息和胜利一样，看起来是遥远的一个梦想。

无论从哪个方面而言，本-古里安的职责和我的职责都相距甚远。

但有段时间，我们的办公室之间只隔了一块薄胶合板，这使本-古里安和我在充满压力的那几个月中得以建立起一种关系，将我从他最大的崇拜者之一变为他最亲密的顾问之一。

就在几个月前，我根本想不到事情会发生如此惊人的转变。但危急关头形成的纽带往往异常牢固。我们的合作关系最初是从日常接触开始的，本-古里安看起来好像喜欢我努力工作，以及我不需要也不想要多少的睡眠时间。（我甚至把他手写的一张便条放在我的桌子上，便条上书"西蒙，别忘了关灯"。）一段时间之后，他开始信任并且依赖我，这令那些经验和年纪都超过我的人甚为吃惊。

"为什么你相信那个男孩？"我偶尔听到人们问他。他的回答总是一样。

"三个原因，"本-古里安会说，"他不说谎。他不说别人坏话。而且每当他敲我的门，他总有一个新的想法。"这个回答太过简单，不足以说服诋毁我的人，但却完美回答了我经常自问的一个问题："为什么是我？"一段时间之后，随着我在政府内部职位的变化，我和本-古里安的关系无论在个人的信任以及正式职责上都有了相当的扩展。但是，本-古里安在世时，我的正式职位从来不曾反映出我对他的影响或是我们之间关系的深度。

一九四九年初，阿拉伯国家处于守势——受伤、撤退、疲于应战。我们用足智多谋和合理配置弥补了以色列在资源方面的匮乏。我们的敌人曾经拥有的充沛的武器所幸也在喧嚣之中被挥霍殆尽。二月，埃及人做出让步，签署了停火协议，放弃战争。一个月后，黎巴嫩也签署停火协议。四月，约旦步其后尘。最后的抵抗——叙利亚也在一九四九年七月二十日让步。那时，我们已耗尽了囤积的武器，脆弱无比、孤立无援。在当时，尽管战争已经结束，我们知道，取而代之的停战将会是脆弱而令人不安的。尽管损失惨重——失去的生命——我们所赢得的也毋庸置疑：我们掌控了自己的领土，以及切切实实的，自身的命运。

＊　＊　＊

我刚到哈加纳总部的那些日子里——那是在独立战争之前，也在联合国决议通过之前，曾遭遇过一件不同寻常的事儿。当时，我正坐在桌旁审阅文件，一阵雷鸣般的动静从列维·艾希科尔的办公室内传出来。泰迪·科莱克（Teddy Kollek）——当时哈加纳驻美使团团长——为了和艾希科尔打这场嘴仗特意飞回特拉维夫。几个月来，总部的组织混乱已经令科莱克越来越气恼。他一个劲地向艾希科尔抱怨，抱怨之一就是他发给特拉维夫的几十封电报被人忽视也没人回复。科莱克提醒艾希科尔说，我们在美国的地下联系人已经成为我们武器的重要来源之一，这样的混乱可能会让我们功亏一篑。最后，科莱克给艾希科尔下了最后通牒：立即安排人处理他的所有电报，要不然就接受他的辞呈。

当我听到艾希科尔在门外叫我的昵称时，我对发生的事情一无所知。"荣格曼！"他喊道，这在意第绪语中意为"年轻人"，"荣格曼！"在我走进艾希科尔的办公室时，他的怒容未消。

"哦好，他来了。"艾希科尔用希伯来语说道，"荣格曼，你懂英文吗？"他问我。

"不懂。"我回答说。

"你去过美国吗？"

"没去过。"我再次回答。

艾希科尔露出一丝微笑。"太好了，"他说，"你正是我需要的人。"

科莱克不愿相信——当场被激怒，但是艾希科尔并不理会他。

"别担心，"艾希科尔冷静地回答说，"他会比任何人都做得好。"

说完，他让我离开办公室。我回到自己的桌前，被刚才那幕搞得有些尴尬。随着战争继续，科莱克最终明白他可以信任我，我会勤快而审慎地处理他发来的电报。但是，那天早上的记忆就像被夹痛的脊椎神经，留在了我的脑海里，戳刺着提醒我的不足。

不足肯定是存在的。不通晓英文，我缺乏和世界上大多数人沟通的共同语言，我知道这一定会拖我的后腿。但英文还只是其中很小部分。在战争中，本-古里安依赖我的建议，但我也担心自己这口井不够深。在我投身的世界里，全球事务和历史知识至关重要；经济和政治科学的才能是智慧的先决条件。我没有上过大学，我甚至都没有高中文凭。我的天赋到目前为止还是够用的，但我会不可避免地遭遇天花板；就我所知，我已经遇到了。

一九四九年春天，国家的独立进一步得到了巩固，我向本-古里安表明了我的担忧，请求他允许我去进修。我告诉他，我想去纽约完成学业，同时我也可为国防部驻美使团工作。在他的大力支持下，事情很快办妥。一九四九年六月十四日，索尼娅、茨娃和我来到了世界的另一头。

到纽约后，我们居住在曼哈顿上西区的一套公寓里，公寓坐落在第九十五街和河滨路交界处，共有七间房屋。我们把公寓称为"基布兹"，因为我们和其他几个人共享这套公寓，这些人大多为以色列政府工作。周日，索尼娅会给每个人做早餐，而我们的室友也会轮流替我们照看茨娃。从窗子望去，我们可以看到高大的榆树丛，再往远处可以看见太阳映射在哈得孙河上，闪闪发光。

我报名参加了纽约社会研究新学院的晚间课程，这是一所非常了不起的机构。学院的教师中包括一些世界上最负盛名的知识分子，比如大法官费利克斯·弗兰克福特（Felix Frankfurter），他可以时不时地用他雄心壮志的讲座迷住全体学生。社会研究新学院是我一生中对我影响最大的地方之一,即使是六十多年后的今天,它仍然是我仰赖的学习源泉。

初始的几个月是困难的。上课需要熟练地使用英文,而与此同时我还在学习英文,有时这会令我沮丧。但几个月之内,我已经可以非常自如地和人用英语交谈。那时,纽约对我才真正地变得充满生机。我惊诧于人们之间的互相赞美、肯定他人的能力。我喜欢人们通过细微的善举展现出来的慷慨。我也喜欢这座城市特有的各种各样的口音——提醒着我们中还有许多人正在学说英文。在所有来到那里的人们心中,美国对人们做出的那些雄心勃勃的承诺开始变得真实起来——仿佛美国梦本身就具备某种自然的力量。

我经常在课后回到我们的"基布兹",然后阅读课本直至第二天清晨。那几个小时就像施了魔法的头脑芭蕾——但不管剩下的睡眠时间有多么少,第二天我仍然能够早起投入工作。

尽管战争已经结束,驻美使团的立场并没有改变。以色列没有武器进行自我防御。我们囤积的武器已经在战争中耗尽,只留下不匹配的武器和临时的飞机。我们的防御完全仰仗于一群意志坚强、维修技术精湛的工程师,而西方的武器禁运并未结束。即便是美国,在刚开始承认我们的国家独立之时慷慨万分,也在我们最为脆弱的初始时刻拒绝出售给我们武器。在这空前的利害关系下,我们没有选择余地,只能沿着唯一的道路前行,尤其是当我重新投入武器黑市交易这个光怪陆离的世界并开始着手组建一支国家的防御力量之时。

在这之后便是无数次的冒险。一次,我安排在热带酒店(Tropicana Hotel)和古巴武器交易商会面。他们把会面时间定在十二点钟。但当我中午到达酒店并要求进入酒店时,却被门卫笑话了一通。从他不成章法的英语中,我意识到他为什么要笑,会议根本不在中午,而是午夜。我一定看起来太像新手了。这当然成了我早年的一个教训，它教会我认清自己从事的是什么类型的工作、打交道的是什么样的人。另一次，我安排去购买哥伦比亚政府不再需要的两艘英国制造的驱逐舰。在波哥大，我同哥伦比亚总统和外交部部长谈好了交易，但签约之前，我需要飞到卡塔赫纳港（Cartagena）亲自验收两艘军舰。一位哥伦比亚老将军陪同我前往一个小机场，登上了一架老旧的飞机。飞了大约一个小时，在茂密的热带雨林之中，飞机的左侧引擎突然起火。那个粗壮的将军看着我，眼中流露出惊恐。

"你必须决定该怎么做。"他说。

"我们有哪些选择？"我问他，并试图保持镇定。

"我们可以在丛林中迫降，但我想我们可能得花几周才能走出雨林。"

"那么另外一个选择呢？"

"继续飞行到卡塔赫纳港，希望飞机不要爆炸。"

我停顿片刻，"我选择第二个。"我们于是继续危险的旅程，因为惊恐，每个人都默不作声。幸运的是，我们最终在跑道上安全着陆，驱逐舰也状况良好。

在所有令人激动的海外工作中，我们的绝大多数工作仍集中于在美国促成的那些武器交易。在美国，我们买到了坦克、飞机以及各种类型的大炮，并且经常是从那些疑似恶人的手中购得。然后，我们还得把它们拆解走私出境，这些事也只能通过和卡车司机联盟（代表卡车司机的工会组织）合作得以实施。对我们最富有同情心也最有帮助的支持者是卡车司机联盟的底特律分会会长，一个叫吉米·霍法（Jimmy Hoffa）的人。

而在那些年和我并肩工作的人之中，没有比勋章加身的犹太裔美国飞行员、航空工程师艾尔·施维默（Al Schwimmer）更有趣、更爱热闹或对我们的工作更加有价值的个人了。在独立战争中，艾尔和一群勇敢的美国飞行员加入以色列空军,并很快在军中赢得了异常勇敢的名声,虽然也有点鲁莽和粗暴。

战争结束后,艾尔返回加州,但他对新生国家的事业依然兴趣不减。在洛杉矶以北一个安静机场的偏远角落里,他租用了一个普通的飞机棚——比一个特大号的棚子大不了多少。他零星地买了些工具,雇用了他信得过的一小队人马,其中包括打仗时他的战友。在飞机棚里面,在外人看起来最多像个临时工厂的地方,艾尔和他的队友们代表我们秘密地建起了一间行动异常敏捷的维修厂。

一眼看去,艾尔的团队不太可能为新成立的以色列航空公司 El Al(意为"飞向长空")建造第一架飞机。但这正是他们试图要做的事情。回想起来,这事没有当时听起来那么惊人。在一生中,我见过许多拥有惊人才能的人,但我知道我从未遇到过像艾尔那样技术精湛的人。尽管资源严重缺乏,艾尔和他的团队似乎在任何状况下都能修理和驾驶飞机。记得有次,我试图买下三十多架作为剩余物资的野马飞机,但要赶在美国军方按惯例摧毁它们之前,不过最后努力失败。离开我掌控的飞机被一分为二,机翼也被截下。但对艾尔的团队,这也仅是小事一桩:他们很快从得克萨斯州的一个垃圾场里买下了机翼,重新组装并试飞了飞机,然后又将飞机拆开运到以色列。

随着时间的推移,和艾尔的合作成为我们最重要的关系之一。我们无论在美国哪里买下飞机,都会把它们送到艾尔那里去。有时他会亲自驾驶完整的飞机、途经北极飞回以色列,尽管不是特别安全的路线,但显然距离最短。我们编造各种借口把飞机走私出美国,其中一个拿来做掩护的说法是这些飞机要拿去拍电影。(艾尔还真的成立了一个假电影公司,我也雇用了一些临时演员,造成一种假象——飞机的起飞都是实景的一部分。不过这些飞机不会再返回跑道,而是直接飞往捷克装载武器和弹药,然后再飞往以色列。)

有次在我访问加利福尼亚州的途中，艾尔请求我帮助他实施一次营救行动。我们最好的飞行员之一罗伊·库尔茨（Roy Kurtz）驾驶飞机试图飞往以色列，但在加拿大东部的纽芬兰上空失事。艾尔希望进行一次搜寻行动，但他需要悄悄获得一架以色列飞机的使用权才可付诸实施。考虑到艾尔爱冒险的名声，以色列航空公司不愿给他飞机实施如此危险的行动。在我的帮助下，双方达成了一致，不过条件是飞机不能离开我的视线。

整整七天，我们飞越冰雪覆盖的荒漠，以艾尔认为失事可能发生的地点为原点在空中做环形飞行，一圈比一圈直径更大。夜晚，我们停在加拿大拉布拉多（Labrador）鹅湾（Goose Bay）的一个机场跑道，天一亮飞机就重返蓝天。那些在高空的时光冗长而有力。我们一边俯瞰下面的土地，一边深谈，持续了好几天。我们谈到了我们最高的理想、我们最深的忧虑，谈到了以色列，以及因我们当前国防青黄不接而面临的岌岌可危的处境。

七天之后，我们不得不正视一个残酷的现实——我们不可能找到库尔茨了。但我却更倾向认为这次营救行动并没有白费时间。这是库尔茨身后的爱国行为，让艾尔和我相见。当我们在冻土上搜寻他的时候，艾尔和我达成了一个雄心勃勃的结论、一个可以转变以色列安全的结论：要想保卫自己，以色列必须能够修理自己的飞机并建造新的飞机。我们将把艾尔在加利福尼亚的工厂搬到以色列去，然后在那里扩大投入，将其从一个掩人耳目的新企业转变为一个成熟的飞机制造业。这么做可延长我们正购买的飞机的使用寿命（不管我们购自何方）。此外，以色列的飞机棚里停满了毁于战争但仍可修复的飞机——当然条件是我们拥有修复这些飞机的设施。艾尔认为，这其中还有盈利的机会。现在世界仍然充斥着成千上万架二战遗留下来的飞机。艾尔相信，他可以买下这些飞机、修好它们，然后出口到其他国家——不仅仅可以服务于军方，也可以创造一个盈利性的飞机产业。我们甚至还幻想着有朝一日我们可以设计并且建造我们自己的飞机。

这是个美丽的梦想。我还设想了这样的世界：艾尔和他的团队常驻特拉维夫，这样就可以不受距离的限制，充分利用他的聪明才智。我们购买的每一架飞机能延长一倍甚至两倍的飞行寿命，这样就能成倍地增加我们飞机队伍的规模。它不会马上解决我们所有的安全方面的挑战，但是它会有助于我们解决其中的许多问题。这个想法在我的脑海中不断膨胀，就像一颗衰退中的恒星，具有很大的热量和亮度，并取代了其他的想法。在剩下的共同飞行的时间里，在之后的几天甚至几个星期里，我全神贯注地思考着该使用什么策略，急于想把艾尔和我设想的世界变成现实。

一个如此大胆的念头当然会面临阻力。独立战争后的几年中，以色列已经陷入了金融危机。我们要从代价昂贵的战争中恢复过来，同时还要鼓励并接收大规模的移民。在三年之中，我们的人口从六十万增长到了一百二十万，但我们还未来得及建立一个可以养活这些人口的国家。新来的移民被迫生活在比露营地大不了多少的移民营里。政府的公共食堂严格限量提供食物。在一些新的移民营里，五十多号人共用一个卫生间。无论从何种标准而言，条件都很艰苦也不卫生，而且直至一九五二年，超过二十二万人被迫在这样的情况下生活。早些时候在以色列安定下来的人也面临着严格的配给，由政府决定他们可以购买多少食物甚至可以拥有多少双鞋。贫困是我们这个新兴国家面临的最核心的问题，一个全国性的紧急状况，迫切需要我们关注。

出于以上种种，除了怀疑，我还能指望从我的以色列同仁那里得到什么其他的回应呢？我知道会有人想都不想就否决这一想法，认为这是一个理想主义年轻人的荒谬想法。但我还知道，自己是正确的，因为正确，我愿意为此单打独斗，不能因为那些缺乏想象力的人的怀疑而放弃这一重要想法。

因此，在一个还没有足够食物养活它的子民的国家里，我却决心创建一个航空业。本-古里安曾召唤我来保卫这个国家，因此他也是我首先想要说服的人。侥幸的是，我得知他作为以色列总理将首次访美，并计划在加州稍作停留。要想让本-古里安接受艾尔的提议，必须让本-古里安先信任艾尔才行，而我知道这只有等本-古里安亲自看到可能性他才会相信。

当本-古里安到达艾尔的工作室时，他大为震惊。艾尔和我陪同他参观了飞机棚，并向他演示了艾尔团队的一些杰作。在某一刻，艾尔把大家的注意力转到团队维修和重建飞机用的一个设备上。

"什么？"本-古里安无比吃惊地问道，"用这么小的机器，你可以整修飞机？"

艾尔点了点头。

"我们在以色列也需要这样的一些东西。"本-古里安回答说，"甚至更多，我们需要一个真正的航空业。我们需要独立。"本-古里安的话正是我希望听到的。

"我想你是对的。"艾尔回答说。

"我很高兴你这么想。"本-古里安说，"我们希望你能回以色列为我们建一个。"

本-古里安回以色列后不久，就开始与他的军事顾问与内阁成员初步讨论了发展航空事业的可能。之后不久，他就发电报到纽约：艾尔回以色列的时候到了——而且我也该回以色列了。

我渴望回归——从追逐一个雄心勃勃的梦想转向另一个更加雄心勃勃的梦想。（尽管我承认，在差几个学分我就可以拿到学位之前回国也让我很失望）。索尼娅和我打包行李的时候，我们回想在纽约这座城市度过的时光——对我们二人来说是多么幸福的时光啊。我知道离开会令我不舍，我们也希望可以再来拜访这座城市。尽管离开纽约对我们而言苦乐参半，但这都不算什么，因为一想到重新踏上以色列的土地，我们激动无比。

回到以色列后，艾尔和我与军方领导会谈，不出所料，这些人非常肯定地认为这样的项目是愚蠢的。空军司令认为这个想法滑稽可笑，因为以色列既没有需要也没有能力去做我们描绘的事情。我们与经济学家和行业专家会面后，他们也认为我们向外国市场出口飞机的想法是可笑的。因为他们确信，世界会用怀疑的眼光来看待一切以色列制造的产品。"我们唯一的产业就是自行车，"其中一人还喊道，"而且你们应该知道这个行业还停工了！当我们连自行车都无法生产时，你们却认为我们可以制造飞机，疯了吗？"

与我们谈话的工程师们确信，以色列缺乏制造和管理如此复杂项目的专业技能。内阁部长们则抱怨这一项目的花费。

"我们哪来的钱？"一个部长厉声说道，"你怕是忘记了，以色列可不是美国。我们没有这方面的预算，也没有人力，而且我们肯定也没有这个需要。"

在几乎所有的会议中，我们都会遇到同样的情况——礼貌而又坚决的不屑一顾。我在许多年前写道："这个想法太大了，以至于不可能实现，而且也太过模糊，以至于他们连试都不想去试便把它当场扼杀。"然而，我知道，如果我们让财政吃紧阻碍我们大胆向前，我们永远不可能成就伟业。为了建立一个更强大、更繁华的国家，我们设定的目光必须高于我们暂时的有限条件之上。

在正常情况下，人们的这些反应都可能是致命打击，在我们尚未开始之前就出拳了。但在那些日子，本-古里安拥有非同一般的影响力，也可以施加巨大的压力。在这件事上我请求他出手。而他所做的远远超出我所预计。他不仅仅答应向前推动这一项目，而且还告诉我，他希望由我亲自来监督这一项目。我刚刚二十九岁，突然地就被任命为国防部副部长。

一九五二年一月，我的家人和我从美国回国，搬进了特拉维夫的一个小公寓里。数月后，我们的大儿子尤尼出生了。那是一个值得庆贺和令人希冀的时刻。于家，我拥有一个美丽的家和美妙的爱。工作上，我和我的导师兼英雄天天并肩工作，他让我放手去实现一个看似不可能的计划。

我们不断面临阻力。我永远不会忘记那个日子，财政部告诉我们，将把我们最初的预算削减一半。对于一个年轻的国家和一个年轻的产业而言，这是一个多么目光短浅的决定，暴露了一种危险的思维方式。当你弱小的时候，你必须问：什么样的投资可以让你成长？"投资"可以意味着许多事情：时间、金钱，或许还有最重要的——人心。在一生中有许多次我们不敢自信地向前跳跃，唯恐一败涂地。然而，不敢承担风险则有可能成为最大的风险。

当然，当你是团队的一部分，其他的人也许会有令你不安的否决权。那会怎样呢？与其停止努力，我会寻找另一种方式。我渐渐明白一个道理，当你有两种选择的时候，你必须要寻找第三种选择——一个你不曾想过也尚不存在的选项。在我的权限范围里，我从国防部划出一笔不太高的资金弥补了我们项目资金短缺中的一小部分。然后，我联系了私人捐赠者，他们深知我冒的风险是出于必要。我们从那些渠道筹集了上百万美元，让我们得以避开官僚的反对、启动我们的项目。我们把公司命名为贝代克航空（Bedek Aviation），在希伯来语中意为"维修"，并在一九五四年着手建造我们第一个飞机棚。

项目的破土动工并没有令批评声销声匿迹。甚至在竣工前我们便开始维修工作，但还是招致批评。但从我们开始工作的那一刻起，我知道我们必将成功。不到五年，航空业就变成了以色列的最大雇主，凋零的批评声也逐渐消失在边缘的低语声中。这个横空出世的想法终于走上正轨。

一九五九年，我们自产了首架飞机，在六日战争中被用来保卫我们的国家。最后，我们甚至还实现了想象中最雄心勃勃的那一部分——建造可以出口至全世界的飞机——在近些年，甚至出口到俄罗斯。在艾尔第一次挥动扳手之后的几十年后，以色列航空业更名为以色列航天航空业（Israel Aerospace Industries, IAI），以纪念新增的航天卫星生产线。今天，大多数的国家都使用卫星服务，但以色列是少数几个有能力自行发射卫星进入轨道的国家之一。

但是，在刚开始的那几个月中，我知道飞机制造工业仅仅是解决我们一些问题的一种方案。那些排队等候维修的飞机更像是属于一个航空历史博物馆而非维修厂——一个精选来自世界各地、无意重返蓝天的退役飞机的展览。在飞越纽芬兰上空时我曾思考的问题——如何使我们的自身防御可以持续发展，已经部分地得到了解答。但此时，我们仍然十分脆弱。

在二十世纪五十年代早期，这问题没完没了地困扰着我——尤其是当本-古里安于一九五四年暂别政府的一段时间。可以理解，多年的战争已经令他身心疲惫。他选择退休到内盖夫沙漠之中的斯德伯克基布兹（Kibbutz Sde Boker）。当时，我们并不知道他的引退仅持续一年多一点的时间。我们当时想，这位老人也许就以这样的方式永远告别政坛了。在本-古里安离开之前，他任命了政务委员平哈斯·拉文（Pinhas Lavon）为新的国防部部长，而我为国防部总干事，摩西·达扬为参谋长。外交部部长摩西·夏里特（Moshe Sharett）成为总理。

在我认识的人中，能让我像崇拜达扬那样崇拜的人寥寥无几。他是位绝顶聪明的军事战略家，也是我最亲密的朋友之一。知道本-古里安将不再在我们身旁，而且他把保卫以色列免遭灭绝的任务交到我们手中，达扬和我都深感身上的重担。正是这样的现实让我在办公室里工作直至深夜，也让我在家中的许多个夜晚彻夜无眠。至少，在努力提升我们军事能力的过程中，我们一直处于本-古里安的领导之下。在国家再次遭袭前，我们是否可以找到可靠武器来源？没有他的领导，我的信心急剧下降。

我知道，我们需要的是一个同伴——一个联盟。我们拥有的最接近于有实用的国际联盟的关系，是我们和捷克斯洛伐克的秘密关系，但它完全基于武器购买，而且也不为世界所知。从某种程度上，我们为自己可以单打独斗深感自豪，为我们可以从平地上建起一个国家感到自豪，因为这部分地证明了我们犹太人尽管受到迫害，并没有被打倒。一直以来，我们都愿意接受其他国家的友谊；但是，现在很清楚的是，它们并不准备为此努力，而我们会去努力。我们需要改变我们在世界上的地位，需要在其他国家的眼里变成朋友。

对一个人口不到两百万的国家，实现和世界主要大国肩并肩的想法当然是需要一些超越常规的勇气的。我们不能仅仅被看成是一个附庸，而应是一个主权国家。但英国仍然对以色列极不信任、充满恶意，坚持对中东实行武器禁运。美国在以色列最重要的时刻承认了我们的合法性。但艾森豪威尔总统不希望美国卷入阿以冲突，宁愿美国保持中立的立场。事已至此——也将在一段时间内保持如此。正因为犹太国家的存在，我们为拯救自身生命正进行一场不知胜负的战争，而且我们是在世界向我们关闭大门之时去做这些。在寻求同盟这一关键过程中，看起来只有一种可能性。反复思考之后，我把眼光瞄准了法国。

和英国人、美国人一样，法国人也对我们实施了武器禁运。但我却觉得，我们可以和法国找到一种感情上的联系，或许可以动之以情、说服他们私下里帮助我们。在那些年里，控制法国政府的激进党中的领袖,有许多曾是抵抗运动中的英雄,曾在野蛮的纳粹统治下生活过。其中一些人在集中营里待过。我们的伤疤是不一样的,但它们都是由同一种罪恶造成。正因为如此,我希望我们能找到共同的纽带。

我也看到了法国或许会同意合作的实际原因。法国的私有国防业制造了各式各样的武器,包括飞机和坦克,而以色列代表了一个潜在的新客户。再者,埃及总统迦玛尔·阿卜杜·纳赛尔(Gamal Abdel Nasser)已经变成了我们两个国家的威胁,因为埃及正在向当时仍属于法国殖民地的阿尔及利亚的叛军输送武器。纳赛尔同时仍然宣扬摧毁以色列国是行大道,并且下令在我们的边境实施常规性的入侵。如果一个共同的纽带还不足够的话,我想,我们或许可以为了共同的事业和法国结为联盟。

本-古里安一向对和法国的合作充满怀疑。"法国人吗?"每次我提到法国人的时候,他都会大喊:"法国人吗?他们打了败仗!问问他们为什么打败仗,我想知道。"

"我研究过了,而且我也有了结论。"我回答说,"因为敌人不合作。"

尽管本-古里安已经去了斯德伯克基布兹,我从夏里特和拉文那里得到了类似的反应。拉文把我的法国策略称为"愚蠢"。他认为,如果不把重点放在改变英国人和美国人的想法上,任何的努力都是白费时间。

在耶路撒冷,除了摩西·达扬,没有人给我支持和信心。我当然也不会获得外交部的支持。在正常情况下,外交部会在这样的国际接触中牵头。但我仍然被想象的火花点燃。尽管阻力重重,我还是出发了。

* * *

第一次去巴黎,我不会说一个法语单词,也不知道法国的任何风俗、行事风格。我邋里邋遢,也没做什么准备就这样奔赴一个似乎由傻瓜设计的差事,这个傻瓜当然就是我自己。但是,我仍然带着希望登上了飞机,急切地想看看我是否可以倒腾出点他人口中的不可能之事。到达后不久,我给负责对外武器销售的副首相保罗·雷诺(Paul Reynaud)的办公室打了电话。通过翻译,我告诉他我正在此地,希望能和他会面。他立即邀我去了他的办公室。

我们进行了一次热情而曲折的谈话,却也富有成效。到我们会谈结束之时,他已经准备好要向以色列出售远程大炮。无可否认,我们需要的当然远不止这些,但这种性质的协议仍然是一个分水岭。这是我们和世界主要强国的首个武器交易,也是我们走向真正联盟的众多步骤中的第一步。我的心情只有欢欣鼓舞。

我从椅子上站起来,和雷诺握手,感谢他的陪伴和帮助。当他陪着我走到他办公室的大门时,我停下来,突然提了一个问题:

"先生[①],我意识到我还不知道一个政府该如何支付给另一个政府。"我建议,我给法国国防部的一个银行账号先存下一百万美元的定金,我们可以以后再结清余款。雷诺同意了。

接下来的几年里,我多次往返于以色列和法国之间,为以色列国防军购买武器和装备。我会见了将军、政治官员和法国内阁的成员。在法国总理办公室里的一名经济学家、名叫乔治·埃尔戈西(Georges Elgosi)的阿尔及利亚犹太人的帮助下,我说服了法国政府向我们出售几种不同型号的战斗机,所有这些都对一九六七年六日战争的胜利起到了关键的作用。一见到我,埃尔戈西就决定邀请我到他的公寓,在那儿他的老母亲就有机会(名副其实地)来审查我。我记得她神秘地坐在客厅里,就像坐在法庭上一样。当我向她介绍自己时,她让我

---

① 原文为法语,Monsieur。

把手给她看。她仔细地查看了我手掌中的纹路和皱褶,就像在阅读我的灵魂地图一样。看完之后,她抬头看了看她的儿子,然后说了简单的几个字:"照他的要求去做。"看起来,埃尔戈西也确实把母亲的结论铭记在心。第二天,他就提出让我使用他的办公室,它距离法国总理皮埃尔·孟戴斯-弗朗斯(Pierre Mendès-France)的办公室仅一步之遥。通过埃尔戈西,我获准进入法国政界,在那里我有幸和包括总理在内的很多法国领袖人物成为朋友。

刚到法国时,我不会说一个法语单词,口袋空空,对法国的文化和礼节知之甚少。对我这样一个刚愎自用的灵魂,法国的领导人们没有盛气凌人、将我拒之门外,而是把我当迷路的孩子那样收容了我。他们把我带到他们最私密的法国人圈子里,把我介绍给那个国家最伟大的政治家、将军、作家和艺术家们。在我身上,他们看到了另一个自己,也正因为如此,我们之间形成了一种不可思议的纽带。这不仅仅是个人之间的纽带:德国人的占领不仅仅是政治危机,也是一个攸关生死存亡的危机。长久以来,法兰西民族一直在深深思考成为法国人意味着什么。对这个民族而言,德军的占领和与德国合作的遗产已经迫使他们产生了一种精神危机,而且从以色列的斗争中,孟戴斯-弗朗斯和其他人或许已经认识到得努力面对过去的创伤。

我们之间新友谊的唯一障碍是语言。第一次去法国时,我需要一个翻译与我同行。但很快,我就开始利用这些飞行学习法语、深入地学习,和我们的法国大使练习会话,有时也自言自语练习。很快,我就不再需要翻译。

在一次去巴黎的旅行中,我应邀参加了法国陆海军参谋长的晚宴,并坐在他妻子的旁边。在晚餐开始之前,她转向我,小声地说:

"佩雷斯先生,我可以建议您不必向我解释您的意图吗?"

"请再说一遍?"

"对于您为何在这儿，或是您为何而战，我不需要您做出一个字的解释。"

"为什么呢？"我问道。

她停顿了片刻，像是正在寻找适合的话语。她把衬衫的袖子往上卷了卷、露出前臂，尔后轻轻地把前臂扭过来揭示了她的答案。原来，她曾在集中营里像牛一样被纳粹盖上了章、编上了号。她曾是一名幸存者。

我在法国的努力工作并非发生在真空。国内，边境的紧张局势正在加剧，尤其是和埃及的关系。纳赛尔正在加沙支持恐怖主义者的分队。那些被称为埃及游击队队员的袭击者已经偷偷越过边境，袭击平民。每次我们被袭击，我们都会反击。但每次反击，则会引发再一次的袭击，紧张局势的升级使得战争看似已不可避免。当我们的情报揭示埃及人正在制订进攻计划，战争的可能似乎更加确凿了。

一九五五年九月，我们得知，纳赛尔和我们曾经也是暂时的合作伙伴捷克斯洛伐克签署了一项重大武器交易合同，我们的担心变为真实的存在。这项合同包括了成百上千架飞机、坦克、潜水艇和驱逐舰，还有无数箱重型火炮和弹药。这一交易足够让埃及一夜之间成为军事强国，足以使纳赛尔灭绝以色列的威胁变得真实可信。一个月之后，作为一个挑衅的行动，纳赛尔关闭了我们最重要的航海协定航线——蒂朗海峡（Straits of Tiran）。

那时，本-古里安已经返回政府，并再一次担任总理和国防部部长。他把关闭蒂朗海峡看作是一种战争行为，提出使用武力重新打开海峡的计划。但是，内阁对此持怀疑态度，多数人都反对本-古里安的这一计划。至少在当时，这次挑衅没有得到以色列的回应。

与此同时，我很担心法国方面。尽管已经稳固了我们之间的伙伴关系，我不确定如何才能维持下去，尤其是考虑到法国国家内部变幻莫测的政治合作和对立关系。法国政府已经形成了一种模式：会突然垮台并且极有规律地、有时会在意识形态的两个极端失控般地游走。一九五六年一月，大选的呼声响起，而我则想知道，激进党政府是否可以继续执政。

我决定，要在接下来的几个月中在巴黎自己进行私人游说。我冒昧地和反对派建立起了关系，以期他们一旦接管政府的权力，仍然可以保障我们的权益。那些会谈中最重要的一场，是在巴黎某个小咖啡馆进行的一场私人晚宴，对方是反对派的头目，名叫居里·穆勒（Guy Mollet）。

穆勒是社会主义者，他知道我也是。实际上，当我坐到桌旁，他称我为"同志"，因为我们的世界观相似，我们很真诚地彼此接近。最后，我们谈到了正事上。

"你想要什么？"他问道。

我告诉他实情，或者说是我们和激进党展开的工作，也很诚实地告诉了他我的担心。尽管我对他的思想观点十分认同，我也表达了担忧：如果有朝一日他接管法国政府，以色列会不会变得脆弱。

那天晚宴上，菜肴丰富、杯酒不断，穆勒全程仔细聆听，并跟我不时交谈。晚宴结束之时，他向我许诺说："如果我当选，我将答应你的求助。"

尽管我对这番动人之言表示感谢，但我仍旧保持明显的怀疑。

"你为什么要怀疑这个呢？"他问道。

"我并不是怀疑你个人，"我说，"但我了解有些社会主义者，在野时，向世界承诺，一旦上台就会忘了曾经的誓言。"

我告诉他英国政治家欧内斯特·贝文（Ernest Bevin）的故事。在野时，贝文一直是以色列的好朋友。但是，一旦成为外务大臣，贝文却变成了大敌，强令执行了一九三九年的《白皮书》，甚至在英国理论上已经废除它之后依旧执意如此。

"我不会变成贝文的。"穆勒回答说,"你可以依靠我。"

一九五六年一月二日,我知道自己的确需要依靠他了。激进党失掉了大选,穆勒负责组建新的政府。我很吃惊;尽管我们之间有过热情的谈话,我还是十分担心他的意愿和能力——最终能贯彻到底。

几个月内,我就对他许下的承诺进行了一次考验。那是一个午夜,我接到一个紧急电话,要求我立即到本-古里安的办公室去。和埃及军队在加沙的冲突正变得更糟,我们担心,纳塞尔正准备发起全面进攻。

"我需要你马上去法国,"本-古里安告诉我,"我有一封信需要你交给穆勒,看他能否帮助我们。"信里描述了我们对纳塞尔的担心,因为他看起来几乎有无限量的苏联武器供应,而且他的行动代表了"对以色列国的可怕威胁"。本-古里安请求法国实施紧急援助——并明确指出,没有穆勒的支持,以色列的生存岌岌可危。

我登上飞机,然后很快就再次坐到了穆勒的对面。这次是在马蒂尼翁宫(Hotel Matignon)——总理官邸。我提出了我的请求。"我想你们没有什么可担心的,我们可以帮助你们。"他说。他看到了我听到这一消息后眼中的宽慰,又对我小声说了一句话:"我是不是告诉过你我不会是贝文?"他咧嘴一笑,眨眼示意。

一九五六年六月,为了和法国的高级军方领导人会谈,摩西·达扬和我返回巴黎。达扬冷静沉着而又激情澎湃地解释了纳塞尔可能很快就会袭击以色列,并且提出是否有可能和法国人发起一场联合行动。"我们将会准备好和你们一起行动对抗纳塞尔,"他解释道,"准备的充分程度与你们意愿合作的程度一致。"到场的法国军官同意了,至少理论上是如此。

"如果我们要做准备,"我插话道,"那么我们必须重新武装起来,这是唯一的方法。"我递给军官们一个列有我们所需武器和装备的愿望清单,具体数量上还虚报了一些,好让我自己有谈判的空间。令我吃惊的是,军官们丝毫没有不情愿或是竭力反驳。

我们回到国内,信心大增,而且很快,我们就开始收到发自法国的新武器。我们继续监视纳塞尔军队的动向,与此同时,抵挡一波又一波的边境入侵。然后在一九五六年的七月,纳塞尔宣布重大决定——他决定将苏伊士运河收归国有。

苏伊士运河之前一直由苏伊士运河公司——一个英法合资企业营运,两国都需要用到这一贸易路线来运送石油和其他重要物资。对英法两个西方大国而言,埃及将运河国有化是一个严峻的经济危险。法国人已准备好和纳塞尔开战。现在,英国人也倾向于此。

在纳塞尔宣布这一声明时,我正在法国。翌日,我和法国国防部部长毛里斯·布尔日-莫努利(Maurice Bourgès-Maunoury)举行了数次会谈。次日下午,我回到了以色列,本-古里安和摩西·达扬在机场接我。在车驶向耶路撒冷的路上,我向二人简要汇报了会谈的内容。我告诉他们,英国人和法国人有兴趣和以色列联手,共同消除埃及的威胁。只要以色列承诺不攻击与英国人签有条约的约旦,英国人是愿意和我们联手的。除了战争本身的细节还有待进一步地确定,还有一个时机的问题。法国人支持立即行动,而英国人则偏向再拖两个月来寻求一个政治方案。本-古里安总体上赞成会谈的框架,但他仍然对英国人加入战争表示怀疑。至于开战时机,考虑到埃及人进攻的可能性,他更倾向于法国人提出的立即开战。

为继续我们的讨论——从我们是否要共同开战的一般性问题,转向我们如何发动战争的细节性讨论,我之后立即返回法国。与我同行的是刚被任命为外交部部长的果尔达·梅厄。果尔达一直视我为最大的烦恼之一。一直以来,她都把本-古里安当作独一无二的人崇拜,而我却成功地赢得了本-古里安的信任。对此,她深感失意。她对本-古里安听从我的意见非常恼火,尤其还包括那些她认为非常鲁莽或是天马行空的想法。她也对我绕过外交部和法国人建立联系感到生气,因为这本应是外交部的事情。尽管她对我有怀疑,我想我对她能够感同身受。她在本-古里安身边已有多年,而我初来乍到,如果我处于她的位置,我想我也会非常恼火。

我们在法国的第一次会议并没有改善我们之间的情况。令我们吃惊的是,居里·穆勒没有出席会议,这让果尔达受挫,也更加深了她对军事合作机会的怀疑以及对我的一贯鄙夷。但直到她听到法国人推荐的战争计划,她的不耐烦才变成了暴怒。拟议中的方案也被称作"以色列借口",即法国人和英国人希望以色列首先进攻埃及,然后给他们一个干预战争的借口。"以色列人将和埃及人开战,"一个出席会议的法国人解释说,"然后我们把两方拉开。一旦以色列撤退,而埃及人拒绝的话,我们就有借口把他们从苏伊士运河赶走。"

果尔达认为这一想法荒谬可笑——完全不会奏效。她认为我夸大了法国同我们合作的意愿;我将大家尴尬地带上了一条不测路走了很远。尽管本-古里安个人并不认同梅厄对我的评价,但他也对法国的提议感到担心。他担心,"以色列借口"将有损我们在国际社会中的地位——担心我们会被视为破坏分子,尽管埃及已经对我们发起了至少一次战争行动和更多的侵略行为。在这点上,他的确有理。但对我而言,摩西·达扬对此的反驳更有说服力。

"英国和法国并不需要我们,"他坦率地告诉本-古里安,"他们有他们需要的所有飞机来歼灭埃及空军。在这件事上我们唯一的优势,"他说,"也是英国和法国所不具备的,就是我们能给他们借口加入战争。"尽管本-古里安对此怀疑,他相信达成交易依旧是可能的。他得出结论,是时候他亲自出马去巴黎、亲自会见法国人和英国人了。

我立即发电报给巴黎安排好了会议。

那是一个星期日，一架来自巴黎的飞机在特拉维夫降落，准备载我们去会议地点。我们一小群人悄悄抵达机场。本-古里安戴了一顶阔檐帽，用来遮挡他标志性的白发。达扬取下了标志性的眼罩并在旅途中戴上了墨镜。（在这种情况下，达扬计划中的军事合作带有几分讽刺意味，因为正是在一九四一年一名法国狙击手射出的子弹令达扬失去了他的眼睛。）

当我们抵达机场，本-古里安被径直带到会谈举行地点，塞夫勒（Sèvres）的一座别墅。依偎在塞纳河畔的塞夫勒，是一座历史悠久的宁静小镇，尽管举行会谈的庄园宏伟正式而且事态需严肃对待，但会议本身举行得相当热情。会谈中，法国人把本-古里安放在一个最高的位置，本-古里安则向他们描述了他的反对意见，提出了他的要求。一来一回的讨论亲切而舒适——的确是一幅美丽的景象。但当英国外交大臣塞尔文·劳埃德（Selwyn Lloyd）到了以后，一场暴风雪仿佛突然被吹了进来。

从本-古里安和劳埃德握手的那一刻开始，就明显看出双方互不待见。劳埃德既不讨喜也不友好，说话三言两语，不给人留有想象的余地，有时甚至公然表现出敌意。他把本-古里安更多地当成了一个从前的敌人，而非未来的盟友；一个出于需要，而非自主选择的合作者。这种感觉是相互的。

会议进行到第二天，本-古里安还没有决定他是否会接受任何需要"以色列借口"的计划，不过有关战术的讨论依旧继续，大家想当然地认为本-古里安最终会同意。我们翻来覆去讨论了几个提议，但到会议结束之际，只有一个方案明显是可行的。根据这一方案，以色列将于十月二十九日晚间在西奈半岛袭击埃及。接下来，法国和英国将要求以色列和埃及停止一切军事行动并撤出苏伊士运河。按照预计，纳塞尔一旦拒绝这些条件,法国人和英国人将对埃及发起进攻。

当摩西和我离开塞夫勒,本-古里安尚未下定决心。我们两人冒险去了附近的一家小餐馆,在那里我们一边小口喝酒,一边讨论面临的选择。我们不清楚本-古里安的想法,尽管我们都强烈支持军事干预,但也十分看重他的选择。

这是一个基于不完美的事实而需做出的复杂选择,而且选择一旦做出影响深远。本-古里安知道每场战争都有一些盲目的成分,但仍被迫做出这一选择。很显然,战争失败将会在商业上和政治上损害法国和英国,但对于我们,赌注则不可思议地更高,无论是对我们的国际地位还是自身的生存而言。我想象着本-古里安手里握着一块“残酷的手表”,时间耗尽之前,他必须做出选择,而他做的决定不仅有可能终结一个国家,而且还有犹太人的未来。我们两人一点儿都不羡慕他。

第二天清晨,我们被召回塞夫勒。我们到达时,本-古里安正坐在别墅大花园的一棵大树下。见我们来了,他从口袋里掏出一张纸,上面写了给我们的几个问题。当他大声读出这些问题的时候,摩西和我立即意识到我们已经有了答案。这些问题都围绕着战术、时机、军队后勤和政治考量。很明显,提出这些问题意味着本-古里安不再矛盾纠结,他决定了以色列将要开战。

随着谈话的深入,本-古里安要求摩西画一幅他设想的战争地图。但在花园里,我们没有带纸,因此我从口袋里拿出一盒香烟,把它递给了达扬。他在上面画了一幅西奈半岛的草图,还画上了飞行路线和空投伞兵的位置。讨论结束时,我们三人意识到,我们刚刚画的,或许是一场历史性战争的首张地图。我们相互传阅草图、在上面签上名字,然后我又把它放回口袋。

五天之后,战争开始了。

几个月前，当我们首次坐下来讨论这场可能来临的战争时，法国国防部部长曾问我需要多长时间可以拿下西奈。

"三到四天。"我告诉他。而他确定至少要花费三至四周。但最后，比我最初估计的时间只多了几个小时。以色列国防军以惊人的速度和敏捷行经西奈，逼退埃及人，迫使大规模的埃及车队向相反的方向逃离。受损的飞机在我们自己的航天设施中得以维修，超过一千人夜以继日地在那里从事维修工作。战事进展如此之快，实际上当法国人和英国人发起他们自己的干预行动的时候，战争已经结束了。"在西奈，埃及军队完全溃败，"我在发给巴黎的电报中这样写道，"以色列国防军在所有战线都取得了辉煌无比的完全胜利。"

战争结束的时候，对蒂朗海峡的封锁已经被摧毁，所有的埃及空军几乎也被摧毁。埃及游击队员的基地成为废墟一片。迫在眉睫的进攻危险已经过去。

在胜利之中，我们巩固了和法国的合作关系，直到六日战争前夜它都是我们可以依靠的同盟者。被一些人认为是"小以色列"的我们迅速展现出来的神勇，带给我们新的信心，为我们赢得了战术卓越的名声。这令我们在此后的十多年间未出现较大的战争。

对我个人而言，这也是我个人得到长足发展的时期——在巨大压力下形成的智慧，就像地幔深处的钻石。我懂得了想象的益处以及创造性决策的力量。和法国的同盟曾是我一个"不可能的"梦想，我去追求了这个梦想。航天工业曾是艾尔和我"不可能的"梦想，我们也共同将其建立了起来。我们动作迅速、充满创造性、踌躇满志，因此我们得到了回报。

但是，我也学到了梦想是需要付出代价的。刚开始时，先是我的想法被人无情嘲笑，很快就是我乃至我的职位受到了大多数人的炮轰。我被攻击、被轻视、被视为幼稚得危险、被指控为各种可怕事情的始作俑者。诋毁我的人无法理解我是如何成功走进本-古里安的心里，或者如何才能让我出来——仿佛他们崇拜的这个男人（我当然也崇拜他）是可以被收买的。而且，因为我做的很多事情都是秘密进行的——武器交易、和法国结盟、苏伊士行动——我没有选择，只有活在阴影之中。我的批评者们通常只是知道，也只可能知道故事的一半。在这一过程中，我渐渐明白了领导者面临的重大选择：要么去追求伟大的梦想并承担一切后果，要么为了和人融洽相处而缩小自己的梦想。对我而言，只有一个选择。我不知道该如何成为其他人，因此我选择成为我自己，通过这样，去为一个比我自身更大的事业而努力。我认定，成就比信誉重要、比名望重要、比头衔重要。我并非不想要这些东西；只是徒有这些而没有行动、风险和勇气将是空泛的。追求平庸的路更好走。而我选择不去放纵自己，或者说不让自己在追梦的途中分心，而是创造性地想出一条我们年轻的国家可以追寻的道路。我希望我们的国家成为一个繁荣的国家，一个公正、和平和有道德的国家。因此我放飞自己的梦想，并且拒绝向那些冷嘲热讽低头。

在一路上有失望的地方吗？当然有。因为怀揣伟大的梦想，我有过无数的不眠之夜和焦躁不安的日子。因为它们，我曾在大选中落选，也失去过朋友。但是这些从来没有影响到我的想象力。成功使我建立自信，失败使我的脊柱更加坚挺。

经验教会我关于讥讽嘲笑的三件事：首先，它是一种巨大的力量，足以践踏一个民族的愿望；第二，它是人性中普遍而基本的部分，一种普遍存在的全球性疾病；第三，它是对下一代领导人最最有力的威胁。在一个充满众多严峻挑战的世界里，还有什么比阻止人的想法和雄心更加危险的事情呢？

纵观一生，许多人（用许多种语言）谴责我太过乐观，无论是对世界的看法，还是对世人的看法。我告诉这些人，乐观主义者和悲观主义者最后都是一死,但乐观主义者过的是充满希望而快乐的日子,而悲观主义者却整天愤世嫉俗、受人欺压。这么过太不值得。

另外,乐观是进步的先决条件。它给予我们所需要的激励,尤其是在艰苦的时代。而且它鼓励我们,促使我们走向世界、追逐我们最伟大的梦想,而不是将梦想束之高阁。

第三章
迪莫纳的传奇和遗产

　　一九九三年九月十三日上午，我和一小群人站在一间没有窗子的圆形屋子里，周围的墙壁上是一幅繁复而精致的壁画。当古董钟敲响十一下，我们听从指令列队前行，即将签署一份历史性文件——有关以色列和巴勒斯坦和平的首份原则性宣言。签约仪式即将开始，我和站在我前面的美国前总统乔治·赫·沃·布什（George H. W. Bush）以及吉米·卡特（Jimmy Carter）热情地互打招呼，这两位都在通往和平的道路上功不可没。我身后是美国总统比尔·克林顿（Bill Clinton）、亚西尔·阿拉法特（Yasser Arafat）主席以及总理伊扎克·拉宾（Yitzhak Rabin）。为了和平，大家已准备好做出一个历史性的承诺。"女士们、先生们，美国副总统小艾伯特·戈尔（Albert Gore Jr.），以色列外交部部长西蒙·佩雷斯阁下，巴勒斯坦解放组织执行委员会成员阿巴斯（Abbas）先生。"

　　我们走出白宫，来到开阔的南草坪，上千名观众以及世界各地的新闻媒体的摄像机和记者聚集在我们面前。我们踏上讲台，克林顿总统依次欢迎我们步入这一"历史性及充满希望"的时刻，我不禁回想起令我们踏上这漫长而不确定的和平之路的那个决定。那不是和巴勒斯坦人暗中接触的决定，也不是之前和敌人谈判的种种努力。那一刻，我的思绪回到了将近四十年前，那时的本-古里安和我，还在一片反对的汪洋中孤独地游泳。

那是一九五六年的十月二十四日，在塞夫勒的那座别墅里，法国和以色列的领导人正在开会确定苏伊士行动计划。本-古里安和我站在那座宅邸的一处宽敞空间；那既是一间舞厅又是一个艺术博物馆和藏品丰富的沙龙。我们的对面，法国外交部部长克里斯蒂安·皮诺（Christian Pineau）和国防部部长毛里斯·布尔日-莫努利聊得正欢，两人看起来也别无他事。我感觉机会来临，也许是一个完美的时刻。

我转向本-古里安，把声音压到最低对他说："我想，现在我就可以做成这件事。"他向我微微点头表示赞同。我深吸了一口气，振作精神。

我走近两位绅士——那时，两人都是我的密友，我向他们提及的事情令两人始料不及。我过来讨论的是以色列最雄心勃勃的梦想之一——进入核时代。为此，我们需要从法国获取一些东西，历史上从来没有一个国家给过另一个国家的东西。

我们对核能的兴趣并非新鲜事。在塞夫勒决定命运的那一刻之前，很长一段时间里，本-古里安和我对这一话题有着强大的求知欲。我们两人都不是核能专家，充其量只是热中者。但是，我们都看到了核能在维护和平方面的巨大潜力。对本-古里安而言，他相信，只有科学可以弥补以色列在自然条件方面的缺陷。以色列没有石油，也无法获得足够的淡水；而核能有可能同时解决这两个问题——诸如法国这样的国家，利用核能不仅创造了可靠的能源，还用于淡化海水。和我一样，本-古里安还相信，在核技术的前沿存在着巨大的知识和经济价值。通过投资科学的前沿领域、在我们的大学里培养相关的人才和专业，我们相信，我们可以激励这个国家有待挖掘的聪明头脑。

无可否认，这个想法蕴藏着巨大的力量。但事实上，激发我更多兴趣的是政治上的原因，而非科学。如果我们成功地建起一个反应堆，我们的敌人永远不会相信它的目的是用于和平。那些反对我们存在的人，已经对以色列抱有极大的怀疑，我敢肯定，不管是官方的声明还是私下的保证，甚至是展示出具体的证据，所有这些都不会动摇怀疑者认为我们拥有核战争能力的观点。正如托马斯·霍布斯在《利维坦》中写道："权力的名声就是权力。"我的理论则是它的推论：核的名声就是威慑。而且我相信，威慑是通向和平之路的第一步。

那时，阿拉伯世界已经将许诺灭绝犹太人当成领导人的一块试金石；实际上，每个希望上台的中东政治家或是将军都必须证明，他们要比竞选对手更想摧毁犹太人。而我相信，散播怀疑论调让他们做不成这事儿，是我们在安全上要做的最为必要的一件事。

一段时间过后，我和本-古里安的谈话从理论转向了现实。即使我们只是考虑考虑这个想法，我们也需要理解它究竟需要什么。首先，这是一项规模巨大的事业——无论是从建设规模还是所需的科学能力而言。其次，以色列缺乏建设核反应堆所需的原材料及工程经验。与此同时，我们深知投机取巧并不是一个选项——就核能而言，马虎等同于灾难。

我们需要的是帮助，作为和我们有着最亲密友谊的国家，法国代表着一个机遇。作为在核领域最先进的欧洲国家，它也代表了我们可选择的最佳伙伴。事实上，法国的核工业已建起了一支拥有精细专业知识的工程师和科学家队伍。法国的大学是世界上学习核物理最好的地方。他们拥有我们建立核反应堆所需的一切东西。

本-古里安认为，我仅仅向法国方面提出这个问题是不够的。我必须明确地提出请求——要求法国为了和平卖给以色列一个核反应堆。这是一个史无前例的请求，我预料我的朋友会拒绝的一个请求。他们已经冒着很大的风险违背西方武器禁运，暗中卖给我们武器。但像这么大规模的东西,如被发现,会更加危险,它有可能会破坏法国和阿拉伯合作伙伴以及它的西方盟友之间的关系。不过我仍感觉,如果在任何国家之间有可能存在这样的协议,法国和以色列之间就有可能达成这些协议。于是我着手去尝试。

皮诺和布尔日-莫努利对我提出的问题感到非常震惊,很快两人就离开我到别墅的另一边私下讨论这一问题。提出这一请求的时机并非巧合,而且我猜他们也对此心知肚明。就在此刻,摩西·达扬在隔壁房间和他的法国以及英国同僚正在起草管控西奈战役的《塞夫勒协定》(the Sèvres Protocol),其中还包括了要求我们率先发起攻击。我们都知道,本-古里安同意这一计划的唯一原因是法国人的敦促。我希望布尔日-莫努利和皮诺能记住这点,并且在衡量我向他们提出的请求的内在风险时对此加以考虑。

不一会儿,两人回来了。完全出乎我意料的是,他们点头表示同意。

"我很乐意立即起草这一协议。"皮诺说。

* * *

尽管我们获得了法国高层领导的一致支持,回到耶路撒冷,我们面对的却几乎是清一色的反对。果尔达·梅厄坚持说,这一项目将有损以色列和美国的关系,而摩萨德的头目伊赛·哈雷尔(Isser Harel)则担心苏联会有所反应。一些人预计,苏联会发起地面部队的入侵,而另外一些人则预见会有一场空袭。外交委员会的主席说,他担心这一项目"如此昂贵以至于我们将没有面包甚至没有大米"——必须承认,我们尚处于经济紧缩时期,还需努力地养活我们的人民。而当时的财政部部长列维·艾希科尔则许诺我们不会看到他划拨的一分钱。

在这些人中，他们唯一有不同意见的问题是，哪一种可怕后果最有可能降临。

来自学界的反应也并不更令人鼓舞。以色列的物理学家齐声反对将科学工作与政府行为纠缠在一起，因为他们担心，这会扼杀他们的研究工作、损害他们的国际名声。但更切中要害的是，他们认为这样的追求既不明智也不现实。他们认为，我居然幼稚地相信，我们这么小的国家可以从事这么巨大的事业。这不是远见，而是妄想，而且他们只想置身事外。我联系了以色列最知名的魏茨曼学院（Weizmann Institute），物理系主任说我是在不负责任地做梦，因为这么做会引导以色列走上一条黑暗而危险的道路。他希望我明白，他的学院将不会在这件事之中扮演任何角色。

我早已明白，创新就像向上爬山。但像现在这样一下子有这么多的障碍摆在面前也很少见。我们没有钱，没有工程师，没有物理学界、内阁、军方领导或是反对派的支持。当我和本-古里安安安静静地坐在他的办公室时，他问我："我们该怎么做呢？"这是一个有关实施的问题。我们只有法国的承诺，也只有法国的承诺，还有我们两个人。

人们不时会提醒我，我和本-古里安的关系是多么非同寻常——一个总理如此信任一个初级官衔的年轻人是多么少见。他一次又一次地冒险，让我负责重要和有争议的项目。因此，尽管对于他的提问，合理的回答应该是承认失败，但我认为我欠他一个别的办法。我可以诚实而正直地接受失败，但那只有在我确信一点之后：我为成功付出的努力无愧于他对我的信任。就这件事而言，他对我的信任如此巨大，所以我没有放弃，而是提出了另外一个方案。

这一方案借鉴了我从艾尔·施维默身上获得的经验。我认为，公共资源的不足可以通过私人捐款来弥补。我相信，通过适当的募捐工作，我们可以建立起一支能和法国同行并肩工作的以色列工程师队伍。

"如果我们无法获得资金和人才，我们可以接受失败，"我说，"在那以前，我认为不去尝试是愚蠢的。"

本-古里安同意了。"那么去吧，"他告诉我，"把这事儿理顺了。"

我们拿起电话，联系了分布在世界各地的一些最可靠的犹太捐赠者，通话激动人心，是私人（而且是高度机密）的。很快，我们就筹集到了建立核反应堆所需的一半费用——用于创建一支人才队伍绰绰有余。

我们非常幸运地将以色列·妥斯特罗夫斯基（Yisrael Dostrovsky）纳入我们的早期成员队伍。妥斯特罗夫斯基是以色列出类拔萃的科学家，多年前就发明了一种生产重水的工艺，并把它卖给了法国。但即使是他，在才华上也无法同我早先接洽想拉入团队的戴维·伯格曼（David Bergmann，全名为 Ernst David Bergmann）相提并论。据说一九三四年时，哈伊姆·魏茨曼请阿尔伯特·爱因斯坦推荐一位科学家来领导他刚在特拉维夫以外建立的新学院。爱因斯坦只给了他一个名字——他无比信任的恩斯特·伯格曼。作为仅有的几位支持我们工作的以色列物理学家，他也很快赢得了我的信任。

有了伯格曼和妥斯特罗夫斯基，我们就有了科学专业技能。但我们更需要的是一个项目经理人，我们可以信赖他放手去完成如此精细的任务。我们需要的是一个具有学究气、一丝不苟的人，一个极度厌恶妥协的人——尤其是考虑到放射性工作的危险性。同时，这个人得行动敏捷，即使缺乏专业技能也愿意负责这一项目。这些要求存在着内在矛盾，因此我的候选人名单很快缩减到一人。

马内斯·普拉特（Manes Pratt）是一位出类拔萃的学者，具有丰富的现世知识。我们在独立战争中相遇，为建立以色列国防军，我们曾经一起疯狂地工作。他一贯坚持精确，对他而言，完美不是遥不可及的追求，而是最低限度的要求。他敏捷机智，同时要求他周围的人和他一样，坚守职业道德。

我向他解释了我的提议，同时提出希望他考虑这一职位。他看起来想要打我一顿，无法掩饰他的不信任。

"你疯了吗？"他问道，"我对建造一座核反应堆需要什么一无所知，我不知道它看起来像什么；我甚至不知道它是什么！你怎么能指望我来负责这样一个项目呢？"

"马内斯，你看，我知道你还什么都不懂。但是，如果这个国家有人可以在学习三个月后变成核专家，那个人显然就是你。"

他的焦虑渐渐平息。"那么这具体意味着什么呢？"

我提议，我们可以送他去法国向那些即将帮我们建核反应堆的法国工程师学习三个月。而且我还许诺，如果他三个月后回到以色列，还是对这一课题的精通程度感觉不自在，他可以直接再回到原先的工作岗位上。因为不需要他永久地承诺什么，马内斯最终同意了。正如意料之中的那样，当马内斯从法国归来，他已然成为我们所知的最好的核专家了。

有了领导层，我开始转向建设剩下的队伍。我知道，老一辈的物理学家强烈反对我们的工作，但我觉得，我们可以找到一些急于投身这一雄伟计划的学生和年轻的大学毕业生。被魏茨曼学院拒绝后，我转向位于雅法、被称为Technion的以色列理工学院（Israel Institute of Technology）。在那儿，我找到了一群志同道合的科学家和工程师。就像对马内斯·普拉特一样，我打算派每一个从以色列理工学院招来的人去法国学习一段时间。

下一步的挑战不仅仅在于说服这些年轻的科学家加入我们，更多的是帮助他们说服家人。我们打算将核反应堆建在内盖夫，一个靠近比尔谢巴（Beersheba）、世界尽头似的地方。可以理解，年轻的以色列家庭是不愿意离开现代化的城市海法、特拉维夫而去一个艰苦又偏远的沙漠的。而且，如果以色列人都这么想，我估计法国承包商们恐怕更要因此激动得中风。因此，我向他们保证，我们不仅要建设一个工业生产设施，还要建一个社区——实际上，我们要在比尔谢巴建起一个完全独立的郊区，拥有高品质生活所需的一切：好的学校、现代化的医院、购物广场——甚至还有一个发廊。

经过些许挣扎之后，这些家庭决定信任我，于是工作开始了。学生们启程奔赴法国学习核工程——我也作为同伴而非领导加入了他们的行列。无可否认，化学和核物理都是极具挑战性的学科，而我之前没有接受过任何培训。但我认为，对核项目背后的科学有一定程度的掌握至关重要。在之前的工作中，我渐渐明白，除了清晰的远见和战略，真正的领导需要拥有复杂的知识——也就是把握任务的每一方面微小细节的能力。如果我要领导一群科学家和工程师，我就有责任去了解我要求他们去做的事情。因此，和这些年轻的物理学家一起，我夜以继日地学习原子粒子和核能以及利用核能的流程。

资金和科学家已经到位，剩下的工作是把和法国的伙伴关系正式化。我们之间已签署了一份初步协议，大致列出了我们的意图，但一些细节有待讨论。一九五七年的夏天，我飞往法国开始为此事做安排。

在我到达时，布尔日-莫努利刚上任总理。居里·穆勒的政府已在六月垮台。对以色列而言，时机很是巧合。尽管穆勒一直是位慷慨和可靠的伙伴，我却和布尔日-莫努利发展成特别亲密的朋友。他的幽默感可能是冷酷和愤世嫉俗的，但事实上，他和我一样，是个充满希望的乐观主义者，而且他一直用一种发自本能的责任感对待以色列。他对犹太国家的支持来自他的灵魂深处，而且，我感觉我可以向他提任何要求。

我们曾一起完成过其他一些协议，这些协议对两国之间合作的方式给出了大致轮廓。莫努利一直对我们支持有加，但当时已是外交部部长的皮诺对协议中一些言辞表示出疑虑。在正常情况下，我确信皮诺和我可以找到共同的理由和语言，然后他的疑虑也会通过妥协轻易地得到解决。但正当我们处理皮诺所反对的一些内容实质时，刚成立不久的布尔日-莫努利的政府开始土崩瓦解。这对以色列简直就是一场危机。我们需要在两人仍然大权在握时获得他们的支持。

得知法国议会准备对布尔日-莫努利举行不信任投票，身处以色列的我，立即动身前往巴黎。我到达时，事态已经明朗，政府将在第二天晚上倒台。我只有一天的时间劝说皮诺同意提出的协议，并且必须获得两人的签名，然后结束危机、拯救这一计划。我蓦然发现，这是我遇到过的最大的戏剧性事件，而我则成为这一事件的见证者和参与者。

我首先从皮诺入手。我来到他的办公室，他显然一直在等我。在热情地问候我之后，他毫不拖延地告诉我，自己所剩时间不多，而且他坚决反对协议的措辞。他反对的主要原因是害怕协议的内容会被公开。我恳请他给我最后一次机会来说服他。出于对我俩长久友谊的尊敬，他同意了。

我尽可能详尽地做了回应。我推心置腹地谈到我为自己国家感到的真正的痛苦。我想让他理解他手中握有的权力，以及无论他如何决定会带来的后果。这是一个令人难以忘怀的时刻，历史即悬于这一时刻。

最后，他开口了。

"西蒙，我接受你的意见，"他宣布说，令我大吃一惊，"你已经说服我了。"

这是一个意想不到、令人奋进的胜利。但是，考虑到时间所剩不多，我明白仅仅有皮诺的认同还不足以确保达成这一协议。我敦促他加紧解决此事。

"政府倒台之后,你的同意还有多少价值呢? 也许你可以给布尔日-莫努利打个电话。他需要亲耳从你这儿听到这个决定。"

皮诺同意了,但是他无法联络到布尔日-莫努利。我们得知他正在主持他最后一次的内阁会议。布尔日-莫努利正在紧闭的大门之后,在政府垮台之前我无法接近他。

我拒绝接受这一事实。"把你同意的事用文字写下来,然后,我把它直接带给布尔日-莫努利。"

皮诺同意了,尽管他似乎确信,我们这么做是徒劳。我感谢了他的非凡的努力和友谊,然后向门口跑去。

我气喘吁吁地跑到议会,没有丝毫退却。我不知道如何才能接近布尔日-莫努利,但愿船到桥头自然直。而且事实上,当我爬上法国议会大厦的台阶时,我要的答案也沿着台阶而下:这就是布尔日-莫努利的助手,一个多年来我很熟悉的人。他认出了我,用法语问候我。我焦急而详细地解释了事情的经过,然后字迹潦草地写了张便条给布尔日-莫努利。

"请把它交给总理,"我请求他道,"这是件万分紧急的事。"助手同意了。他拿了纸条消失在大厅,而我则站着焦急地等待回音。

几分钟之后,走廊那头传来一个声音呼唤我的名字。"你好,西蒙。"是布尔日-莫努利,处境艰难的他并没有乱了阵脚。他说,在读完我的便条之后,他宣布临时休会——一个史无前例的做法。

"只为一个真正的朋友而做。"他小声说。

我给他看了皮诺写的信,并向他解释了为何利益攸关。我需要他返回会议,在会议结束之前让他的内阁通过这一协议。然后我需要他在政府垮台之前签署授权书。布尔日-莫努利答应帮忙。他将返回会议,很快通过这一协议,然后再次临时休会——让他有足够的时间在最终的协议上签上名。

"去我的办公室等我，"他建议说，"我会来找你。"

因此我等待着，一等就是几个小时。但是布尔日-莫努利一直没有出现。他无法借故推脱。反对党采取了行动，对政府进行了不信任投票，布尔日-莫努利没办法拖延时间。深夜，政府垮台了。文件仍然没有签署。

第二天清晨，我返回布尔日-莫努利的办公室，和他一样沮丧而疲惫。他现在已经是前总理了，我不知该说些什么。

"我从你那儿了解到，我的社会主义者朋友们已经同意了这一协议。"

我点点头。

"太棒了，"他说，"那这就解决问题了。"

他从已不属于他的办公桌上拿了一张纸，给法国原子能委员会主席写了封信。在信中他证实，法国政府已经批准了这一协议，主席应该充分配合协议的执行。他以法国总理的名义签署了信件，然后在信的顶端写下了前一天的日期。

我没问任何问题，也没有说任何话。还有什么要说的呢？布尔日-莫努利可以在我眼中看到如获重释。他能感觉到我深深的感激之情。在那一时刻，他为以色列所做的——他为我所做的——展现了我所知道的最慷慨的友谊。在接下来的一个月里，法国为以色列建起了一千万美元的信用额度。最后，终于到了破土动工的时候了。

* * *

一九五八年七月十七日，奈赫米亚·"舍米"·雅各布（Nechemia "Chemi" Jacob）出生了，这对索尼娅和我来说是美好的一年，因为我们的家庭完整了。这使我们两人心中感觉如此的充实。

但是，我在政府的幕后工作却付出了一些代价。在如此复杂的政治体制下，赢得认可或是为我的想法及行动辩护是一项挑战。作为公务员，我被禁止公开发言，甚至是围绕那些并非机密的话题也不行。因此，我只好成天听着那些批评者嘲笑我而无法回应。尽管我承认，这对个人而言很苦，但这是对真正领导的要求——而且我愿意遵循。

但到了二十世纪五十年代晚期，我意识到，我在沉默中失去的，远不止是那些不必要的个人辩护，我的那些有关价值、动机、乐于梦想、想象的力量的基本论点，全都无法说出来。我有自己的世界观、工作原则，我认为这些对国家的未来至关重要。尽管我会对那些不能说的事情永远保持沉默，我相信，已经到了该大胆说出那些可以说的事情的时候。我开始考虑竞选以色列议会议员。为此，我需要从国防部辞职，重获在阿鲁莫特的居住权。然后我将向由本-古里安掌控的以色列工人党提名委员会提交候选申请。一九五八年的春天，我到这位老人身边述说了这一想法，对他的反应很是担心。而令我欣慰的是，本-古里安非常理解。他似乎想让更多人听到我的声音，但他也很担心我要离开。

我也不想离开。我建议，在赢得议会席位之后，本-古里安可以任命我为国防部副部长，这么一来，我可以像总干事一样管理国防部。它将是我角色的延续、一个更重的工作负担，但作为民选代表，我可以重获发声的权力。本-古里安觉得这是个好计划并祝福了我。

与此同时，在内盖夫北部一个叫做迪莫纳 (Dimona) 的高原上，我们开始了建设核研究设施的漫长工作。普拉特和我委任了以色列顶级的建筑设计师，以确保它的外形和功用一样强大。而且我们像造核反应堆一样认真对待，将大量精力投入到整个建筑群的建设中。

项目的进展令人充满希望。但正当我开始竞选议会议员的时候，另一场政治地震撼动了巴黎。整个计划又一次地陷于风险之中。

一九五八年六月一日，夏尔·戴高乐将军（Charles de Gaulle）当选法国总理，他选择了一个叫做莫里斯·顾夫·德姆维尔（Maurice Couve de Murville）的人担任外交部部长。顾夫·德姆维尔是一名职业外交家，并不是以色列的朋友。了解到法国和我们有核项目合作关系后，顾夫·德姆维尔立刻着手终止这一关系。他在将法国大使从特拉维夫召回后，告知当时已经是外交部部长的果尔达·梅厄，他意欲废除法国和以色列签署的核协议。他希望相关工作立即停止。他的态度非常坚决，而且从梅厄的角度看，不可动摇。

我要求本-古里安派我去巴黎。我打算和顾夫·德姆维尔谈谈——尽管我并不知道说什么。我没有理由怀疑梅厄的报告。也许顾夫·德姆维尔能被劝服，尽管梅厄肯定不这么认为，而且他本人似乎也并不这么认为。我心灰意冷地登上了飞机，心想我肯定会铩羽而归。我早就相信，说服一个国家和以色列合作的最好方法不是解释这会如何帮助以色列，而是这些国家将如何受益。我需要说服顾夫·德姆维尔，原封不动地将协议保存下去将对他、对法国更好。一路上，我不断练习如何力陈自己的论点，并设想可能遇到的回答，希望调制出一个方法可以劝服他。

我到达他的办公室时，顾夫·德姆维尔用他出于礼貌而非友谊的苍白微笑对我表示了欢迎。他很快就解释了他的反对理由，并向我确认有关核方面的安排已经结束。

"你所提之事违反了法国的义务，"我告诉他，"你正打算违背的，是你的前任周密制定的、具有法律效应的协定。为此，我们双方都会变得更糟。"

"怎么会呢？"

"没有这些协议，以色列将处于比一无所有更糟的境地。没有核反应堆。没有研究设施。无法追回已经浪费的金钱和努力。而对法国,也存在一个问题,"我解释说,"这一协议承诺不向阿拉伯世界透露我们双方合作的细节,这有可能会招致法国公司的抵制。"

听到这里,他打断我的话说:"我们并不打算违反协议的这一部分内容啊,法国不会透露任何东西的。"

"是啊,但是你看,"我答道,"你不可能无视协议的部分内容,违反应向我们承担的一些责任,而又要我们遵循协议的其他部分内容,履行对你们的另一些责任。"

这话很微妙,但很管用。顾夫·德姆维尔发现,自己从未想过这种情况。如果阿拉伯世界攻击法国,那代价将会有多么昂贵?

"你有什么提议呢?"他用一种从未有过的谨慎口吻问我。

"法国可以从这一刻起结束协议,但是,你没有权力追溯性地废除之前做出的决定,"我坚持道,"在法国政府的明确支持下,以色列和法国公司之间已经签署了建设迪莫纳的合同,你无权违背这些承诺。"

"你说得对,"他终于让步了,"我们就按你说的去做。"

* * *

一九五九年十一月三日,三十六岁的我首次当选公职。而且正如之前打算的那样,我的工作仍然在继续。一九六〇年夏天,迪莫纳的项目进展飞快。法国继续执行协议中规定它完成的内容,法国和以色列的工人在贫瘠的高原上已经破土动工。

那年九月,我正奉本-古里安的指令造访西非,试图加强以色列和这一广袤大陆的关系。我在那里参加塞内加尔共和国首届总统的就职仪式,这位总统曾在为法国人而战时被投入监狱,非常了解纳粹集中营的内幕。不过我的旅程却被中途打断。我接到一个紧急电报,命令我立即返回以色列。不过电报上并未表明是何种紧急情况。

当我抵达特拉维夫机场，摩萨德的头领伊赛·哈雷尔和果尔达·梅厄正在附近的一架直升机上等我。在一起飞往斯德伯克的路上，我们几乎没有说话。此时，本-古里安正在等着听哈雷尔的汇报。

"解释一下情况。"当我们聚集在他朴素而简陋的"棚屋"里，本-古里安要求道。哈雷尔传达了两份情报：第一，摩萨德得知苏联人最近飞越了迪莫纳上空，并在建筑地点拍了照片。第二，他们得到消息，苏联外交部部长突然出访了华盛顿。据他估计，这两个事件相互关联，而且证据确凿。他担心，苏联政府认为我们在迪莫纳的工作目的险恶，然后担心他们的外交部部长在华盛顿时有可能要求美国对此进行调查。看起来以色列即将直面世界上仅有的两个超级大国。

"你们有什么建议呢？"本-古里安向一群人征询意见。哈雷尔相信，果尔达或者最好是本-古里安本人应该立即飞到华盛顿，向白宫做出保证。果尔达对此表示同意，她相信形势严峻，也不可能比这更糟糕了。我仔细地听着，对他们的担心表示理解，但当本-古里安征询我的意见时，我如实表明了自己的观点。

"即使是苏联飞机飞过内盖夫上空又怎样呢？它能拍到什么呢？只是地上的洞洞而已，"我解释说，我们还在项目的第一阶段，大范围地挖掘然后是铺设混凝土地基。"这些又能证明什么呢？"我问道，"毕竟每座大楼都需要地基。"

至于苏联外交部部长，我觉得他突然造访美国有许多可能的原因，而我们缺乏证据证明就是我们猜测的这样。另外，我认为我们并没有全盘考虑。如果本-古里安飞到华盛顿，透露了我们正在进行的工作，有可能会破坏我们和法国的关系。

我相信，哈雷尔的分析十之八九是正确的。但我认为，以色列过早采取行动是个严重的错误。如果他是正确的,那意味着一场对抗即将到来,而且我看不出有什么理由需要在此之前做出任何保证。为何不等待结果,在事情发生后再做出同样的保证呢?

本-古里安同意我的提议,这激怒了梅厄和哈雷尔。我理解他们为什么生气。在这最后关头,他们想把以色列从他们认为是我一手制造的灾难中拯救出来——而且我还横在他们和本-古里安之间,阻碍他们的最后努力。现在,他们什么也不能做,只能等待可能来到的一场争执,而且还得违心地希望是他们自己误判了。

一九六〇年十二月十八日,我们把我的理论检验了一番。此前几天,全世界的报纸都刊登了一条轰动一时的新闻,称有个不知名的小国家正在研发核武器。一家伦敦的报纸很快披露以色列就是那个小国家。十二月十八日,在美国的电视上,美国原子能委员会主席也证实了这一消息。世界各地的报纸都刊登了这一新闻,一起见报的还有侦察飞机拍摄的建筑工地的照片。

伦敦的报纸率先曝光这一新闻后的第五天,本-古里安决定在以色列议会发表公开声明。否认这一项目的存在已经行不通了。来自这个老人的声明无疑是平息外界疑虑最有效的方式。

"媒体的报道是错误的,"他宣布,"我们在内盖夫建设的研究性反应堆是在以色列专家的指导下进行的,是为了和平的目的而设计的。"这一宣言平息了公众的紧张气氛,但在私底下,仍然有许多工作要做。一九六一年春天,本-古里安前往华盛顿特区和约翰·F.肯尼迪总统进行了长时间的讨论。他再次保证,我们既没有核武器,也没有邪恶的用心,然后回到以色列,信心满满地认为我们已经避免了危机。我们在迪莫纳开始的工作继续向前推进。

在本-古里安访问华盛顿特区将近两年之后,我发现自己和他站在同一个地方——美国总统办公室中央,桌子对面就是美国总统。我来华盛顿是为了缔结一项向美国政府购买防空导弹的协议。这一购买行动代表了美国和以色列关系的彻底转变，代表美国愿意在军事上支持我们。而且，这也是一九六一年本-古里安和肯尼迪总统会面时提出的几桩关键事情之一。

肯尼迪的近东顾问麦克·费尔德曼（Mike Feldman）邀请我和以色列驻美大使乌拉汗·"亚伯"·哈曼（Avraham "Abe" Harman）一起到白宫。当我到达时，出乎我的意料，他们告诉我肯尼迪总统想跟我说话。他知道我掌管着以色列的核项目，而且据费尔德曼说，总统有许多问题。

我并不是以色列政府的首脑，肯尼迪总统和我举行正式会谈有违外交礼仪。因此，我被人护送着经过白宫西翼的一个侧面入口，然后沿着一条后走廊来到了椭圆办公室。按照计划，我在路上偶然碰到肯尼迪总统，然后出于礼貌，他将邀请我进行一次谈话。

在椭圆形办公室的桌子后面，肯尼迪总统看起来僵硬而不自然，尽管他想方设法掩饰，但我仍能看出他正在忍痛。他起身握了握我的手，然后让我在沙发上坐下。他坐在我身旁一把有垫子的木质摇椅上。

"佩雷斯先生，是什么风把你吹到华盛顿？"他用他亲切的口音问道。

我告诉他，我来是为了购买霍克导弹（Hawk missiles），以色列为此深深感谢美国。但我补充说，我们希望武器协定只是一个开始。我们需要支持——美国人愿意给予我们多少就需要多少。

"去和我哥哥谈吧，"他回应道，把话题转向他更关注的问题，"让你我谈谈你们的核项目吧。"

在我面前，肯尼迪开始罗列出美国收集到的所有关于这一项目的情报，事无巨细地解释了美国政府知道的一切。很明显，美国人已经详细研究了这些发现。当他说完，我感觉已经没有什么建设核项目的事儿是美国人不知道的。不过肯尼迪知道还是有未解之谜，而且他的注意力都集中在那些谣言上。

"你知道，我们非常关注这一地区军事力量发展的任何迹象，"他说，"关于这事你能告诉我些什么呢？佩雷斯先生，你们的意图和核武器有关吗？"

我没想到会见到总统，更别说要回答这样一个问题了。在这样的情况下，我只能竭力打消他的疑虑。

"总统先生，我可以最明白无误地告诉您，我们将不会是第一个将核武器带到这一地区的国家。"

肯尼迪听到这一回答，表示满意，再经过一些寒暄之后，我们结束了会谈。当我们走出白宫大门时，我们的大使向我表达了不满。

"你做了什么？"他询问道，"你这样说获得许可了吗？你刚才在那里制定了政策。"

"那我该怎么做呢？"我回答说，"我是不是该说'等一下，让我打电话给我的总理、确保我的回答用词准确'？我不得不做出决定，而且我也不会撒谎。"回到以色列，我因为说了我选择的那些话，遭到了艾希科尔和梅厄的强烈批评。但是，随着时间的推移，他们将接受这样的用词。实际上，使我一直吃惊的是，在毫无准备的情况下，我对肯尼迪总统说的话变成了以色列的一项长期政策。它已被描述为"核模糊"——索性既不肯定，也不否认核武器存在。

将近五十年来，核模糊已成为以色列官方立场——这并非因为我在那一刻选择的词语完美无瑕，而是因为这些词语的影响，实现了我们一直想要在这一地区达成的结构性变化。摧毁另一个国家之前——就像在我们国家最初的三十年间、阿拉伯国家无数次发誓要对以色列做的那样——一个国家必须先拥有两样东西：首先，意愿。第二,相信自己在军事上更先进才可以去这么做。迪莫纳的存在也许会让我们的敌人更想毁灭我们。但是,它所产生的怀疑却夺去了敌人认为可以打败我们的自信。

过了一段时间,我们了解到在模糊中蕴藏的巨大力量。二十世纪七十年代,阿拉伯世界领导人的传统智慧是以色列拥有核武器。在他们缺乏证据支持的地方,他们就用谣言来填补,使得谣言在这一地区传得比事实还要快。我们没有采取任何措施来证实这种怀疑,也没有做什么去劝服他们。在适当的时候,那些疑虑变得像石头一样坚硬,最后变成了我们敌人坚定不移的信念。一旦相信以色列拥有毁灭他们的能力,他们一个接着一个地放弃了毁灭我们的野心。对那些想发起第二次大屠杀的人而言,疑虑是一种有力的威慑力量。

核威慑不足以防止所有的战争,但是它却足以预防一些类型的战争。一九七三年,在赎罪日战争(Yom Kippur War,又称"斋月战争")中,埃及和叙利亚出其不意地占领了以色列,在它们的联合行动中,以色列的城市脆弱地暴露在毁灭性的攻击之下。然而,两国中没有一个敢袭击以色列的中心地带,即使是在它们有能力这么做的时候。埃及的军队被勒令不许超越西奈米特拉关口(Mitla Pass),而叙利亚的军队也只在戈兰高地(Golan Heights)待命。在这么多年鼓吹要摧毁以色列之后,埃及和叙利亚的野心已大大缩水——只想通过打仗要回在之前战争中失去的领土。多年之后,埃及总统安瓦尔·萨达特(Anwar Sadat)承认,他担心袭击以色列城市将使以色列有理由动用核武器作为回应。

核威慑也创造了和平的可能。一九七七年十一月,萨达特对耶路撒冷进行了历史性的访问,并最终签署了埃及和以色列之间的和平条约。刚一抵达,他提出的第一个问题就是以色列的核计划。而且当他面对来自埃及人的批评时,他将核袭击描述为唯一的其他可能。"和平之外的另一种选择是可怕的。"他坚称。

到了二十世纪九十年代中期，以色列不仅和埃及讲和，还同约旦和好。而且，我们和巴勒斯坦人缔结和平的辛苦工作也正在进行之中。一九九五年，我作为外交部部长出访开罗，并与埃及外交部部长阿姆鲁·穆萨（Amr Moussa）会面。多年来，我们渐渐互相了解，在经过漫长交谈之后，他提出了一个一直清晰地萦绕在他头脑里的问题。

"西蒙，我们是朋友。你为什么不让我去看一下迪莫纳？我发誓不会告诉任何人的。"

"阿姆鲁，你疯了吗？"我回答道，"假使我带你去迪莫纳，而你看到那里空无一物会怎样？假如你不再担心了会怎样？对我来说，这就是一个灾难。我还是希望你保持怀疑吧。这就是我的威慑。"

我曾告诉许多人，我建造迪莫纳的目的就是希望能达成《奥斯陆协议》。它的目的并非是发起战争，而是阻止战争。因此，重要的并不是反应堆本身，而是它所产生的反应。我花费了如此多的青春年华，为了以色列人民设法保卫以色列。但这完全是一种不同的保卫方式。这种保卫是知道我们的国家永远不会被摧毁——和平的第一步就是从拥有和平之心开始的。尽管曾被贴上了某种失败的标签，从这一意义上，我感觉我们在迪莫纳的工作已经履行了我对我的祖父许下的约定，只不过是在更大的范围之内——永远做个犹太人，并且保证犹太人永远存在。

第四章
恩德培行动和勇敢的价值

　　与恐怖主义面对，几乎贯穿我的一生。在我不到十岁时，两个犹太人曾在维施尼瓦森林边缘被人谋杀。十五岁，我已经学会使用步枪，不是因为打猎，而是为了保卫我的学校在夜间免遭恐怖的暴力袭击。我曾站在常人难以想象的大屠杀发生地，与失去母亲和孩子的家庭一同哭泣。在以色列成为一个国家之前，在建国后所有的岁月里，恐怖主义阴魂不散，我们不得不成长，为保护自己与恐怖主义斗争，埋葬恐怖主义的受害者，并寻求恐怖主义的解决方案。从痛苦和悲剧中，我们学到了沉痛的教训、敌意的代价和成因。

　　恐怖的灾难并非以色列独有；它是一个愈演愈烈的全球性危机，所有国家必须坚决面对的一个危机。它就像一种致命的疾病——会传染、会扩散——而且妥协和让步也不能打败它。屈服于恐怖主义分子的要求只会招致更多、更过分的要求。在对付恐怖主义的过程中，领导者记住这点将是相当明智的：当一把手枪对准你的脑袋时，你不是谈判者，而是人质。

　　然而，这一忠告听起来简单，它对领导者而言却是最艰难的考验之一。坚持这样的立场需要愿意做出危险而艰难的抉择。它不可避免地要去冒风险。现代历史可以告诉我们无数有关这些时刻的故事，勇敢的男男女女代表他们领导下的人民做出看似不可能的决定。在这些故事之中，也许下面这个最清晰地展现了信念和复杂现实之间的争斗，这就是以色列国防军在一个叫做恩德培（Entebee）的地方发起的解救人质行动。

一九七六年六月二十七日，星期天，我走进总理办公室参加政府的每周内阁例会，会议由伊扎克·拉宾主持。两年前，拉宾和我为谁将领导政府一争高下。拉宾获胜之后，他邀请我担任以色列国防部部长。那天的会议和往日并无不同，讨论一下与眼前的重要工作休戚相关的紧缩预算和艰难挑战。在门打开、我的军事助理走进房间之前，坐在桌旁的我们无人知道接下来会发生什么。助理很快走近我，递给我一张折起来的便条，上面的字迹潦草得令人眩晕，预示着便条的内容和他的脚步声一样紧急。

"从本-古里安机场飞往巴黎—奥利（Orly）、中途在雅典停留的法航一三九号航班被劫持了。"便条上写道，"飞机仍在空中飞行，它的目的地未知。"

我把便条递给拉宾。会议一休会，拉宾就要求一小组内阁成员成立一个专案工作组，然后和他一起在楼下会议室讨论我们面临的选择。我们分享了少得可怜的已知情况，必须承认，几乎一无所有。很快，大家就决定：我们将发布一份官方声明，公布我们了解到的一些初步的事实，并且确认政府无意与恐怖分子谈判。拉宾宣布休会，我们开始自己的工作——消化我们已了解到的情况，并安排如何应对这一事件。

在接下来的数小时之内，劫机事件的细节渐渐丰富起来。我们得知，在雅典登上飞机的恐怖分子是以暴力而臭名昭著的解放巴勒斯坦人民阵线（Popular Front for the Liberation of Palestine）的成员，而且他们已经控制了这架载有将近二百五十名乘客的飞机，其中包括一百多名以色列乘客和十二名来自法国的机组成员。那天下午，我们还收到报告称，飞机已经在利比亚加了油。以色列国防军参谋总长莫迪凯·"莫塔"·古尔（Mordechai "Motta" Gur）把我拉到一旁说，他认为飞机会飞来以色列。于是，我打电话给拉宾汇报了这一新情报。我们一致赞成，如果劫机者真的想来以色列，我们应该让他们来。我们有过发起人质解救行动的经验，而如有必要，在我们自己的土地上、在自己的机场展开救援肯定会更为有利。那是四年前的一个案例，恐怖分子劫持了一架萨贝纳（Sabena）航空公司从维也纳飞往特拉维夫的航班。那次，我们成功地救出乘客。但那是在我们自己的领土上。这次则非常不同。现在，我们别无选择，只能等待。

那天深夜，我和以色列国防军行动总指挥耶库提尔·"库蒂"·亚当（Yekutiel "Kuti" Adam）一起驾车前往机场，以色列国防军的精英突击队——总参谋部侦察营（Sayeret Matkal）正在那里为可能发起的人质解救行动做演练。对总参侦察营的勇气和技巧，我一直抱有极大的信任感。他们点子多，不仅身体强健而且大脑发达。他们是以色列最精锐的战斗力量，也是我心目中全世界最伟大的队伍。侦察营最近刚刚任命了未来总理的哥哥约纳坦·内塔尼亚胡（Yonatan Netanyahu，昵称"约尼"）为指挥官。几位高级军官曾告诉我他有多么特别、他们多么希望我能像他一样。之后，我也见过他几次。在我们说话的数次场合里，我们也确实可以像讨论反坦克导弹那样讨论埃德加·艾伦·坡的诗歌。约纳坦和我的女儿同年，年轻到可以当我的儿子，但也足够智慧到当我的同辈人。

当库蒂和我到时，约纳坦正在西奈执行另外一项任务。他的副指挥官穆基·贝策（Muki Betzer）接替他的职责：向突击队简要汇报了情况，并带领队伍准备以附近的空机身为掩护夜袭飞机。但那天凌晨，飞机改变航程，不再飞往以色列，而飞往东非。凌晨四时，我们确认，飞机已经在乌干达的恩德培国际机场降落。机场位于乌干达首都二十英里开外的维多利亚湖的岸边，距离当时我们所在的地方超过两千英里。

这一改变带来了巨大的挑战。一九七三年战争之后，拉宾和我努力扩充我们的军队，使其适应现代化的需求，并且为可以延伸其触角做准备——有能力打击远超我们眼前地平线上的目标。但是，没有国家或是军队曾经面临涉及面如此之广的挑战。它需要我们在上千英里之外发起一场军事行动，我们的对手是武装的恐怖分子，或许还有乌干达的军队，而所有这些都是在我们获得的情报并不是最理想的情况下，而且时间紧急。我们大多数的高层军事领导似乎感到，军事救援行动根本不可能。

尽管挑战巨大，而其中牵扯的利益甚至更多。首先是人质本身——一百多名以色列人处于巨大危险之中。后来我们还得知，一些恐怖分子来自德国，他们用德语大声发号施令。一听到这一语言，其中一名人质、一名大屠杀的幸存者开始变得歇斯底里。在这之后，她还会再次想起大屠杀——就像我们所有人那样——因为人质被分为两组，犹太人站在一侧，非犹太人站在另一侧。这一场景就像在低声述说着过去、萦绕耳边令人无法摆脱，它以一种令人不安的方式提醒着我们肩负的责任。

我很清楚，我们面临的基本是一个原则性的问题。如果我们不能救出人质，那么我们唯一的替代方案就是通过谈判解救他们、最终向恐怖分子的要求让步。我担心，这会开出一个可怕先例，带来许多未知后果。"如果我们屈服于恐怖分子的要求、释放恐怖分子，"我在一周后举行的、气氛热烈的政府会议上如是表示，"每个人都会理解我们，但没有人会尊敬我们。"而不管结局如何残酷，反之亦然："另一方面，如果我们展开解救人质的军事行动，有可能没人会理解我们——

但每个人都会尊敬我们。"我知道，试图发起这样一个大胆而不可能的救援行动会对乘客造成巨大风险。但我决心寻找替代谈判的方案并非因为我对人质的安危漠不关心。相反，这正是源于我对未来乘客生命和安全的关注。最大的危险就是恐怖组织得出结论：类似于在雅典发起的这些恐怖主义行动是有效果的。那时，一架飞机就会变成几百架，受害者就会以成千上万来计算而非以几百计算。

一九七六年的那个夏天，我们仍然在包扎历史遗留下的伤口。一旦人民对帝国失去信心，伟大的帝国就会衰落。伟大的国家、伟大的公司亦然。以色列是由人民的雄心托举起来的，类似这样性质的危机将严重损害我们的自我意识，进而损害我们未来的国家。"如果我们需要释放恐怖分子，"在那个充满戏剧性的事件中的某个夜晚，我这样写道，"以色列将像块破布，而更糟的是，她将成为一块破布。"

面对如此非同一般的情境，我知道没有其他的选择，只有采取行动。当人们告诉我救援行动行不通时，我决心听从我的导师本-古里安的话，这位已在一九七三年故去的老人曾对我说："如果一个专家说这行不通，那就再找一个专家。"

* * *

直到周一清晨太阳升起时，我才回到家。我打电话给拉宾，向他简要汇报了最新的情报。洗了个澡、喝了杯咖啡后，又重返国防部。在那儿，我和几十个同事用了一天的时间反复、仔细讨论了那些并不可靠的情报。情报从多个渠道不断涌入，许多情报还自相矛盾。在一天行将结束之际，我们所知道的全部就是飞机仍然停在恩德培机场的停机坪。我们不知道劫机者的诉求是什么。

古尔告诉拉宾，我们还未想出一个可靠的计划，不过我们正在探讨是否可能让伞兵加入营救计划。听到计划正在制订过程中而且援救行动尚且可能,拉宾表示满意,至少暂时如此。但那天夜里,经过和古尔进一步的讨论,情况变得明朗起来,没人真的相信军事行动是可行的。人们说有太多的不确定因素、太少的情报和太多的风险。

我理解人们的担心。甚至在最好的时机下,我们要进行的也是有史以来最大胆的行动。而且现在还不是最好的时机。但是我并不准备放弃。

"我们必须发挥我们的想象,并且审视任何一个看似疯狂的想法,"我对聚在一起讨论的人们强调,"我希望听听你们的计划。"

"我们没有计划。"一个人答道。

"那我想听听你们还没有的计划。"我回答道。

两派间的对峙持续了几个钟头,不过到会议结束,我们还是有所进展。刚开始,团队成员对军事行动还持怀疑态度,最后则变成了确定。甚至连团队中最多疑的人也让步了,认为不能因为解决方案不可能实现就放弃努力。这是关键的认知层面的突破——也是在我职业生涯最困难的时刻我仍坚持不懈试图在人们身上激发出来的东西。尤其是在压力之下(当然也没有几件事会比恩德培危机更令人深感压力了),我们往往转向内省、对外界封闭自己。一旦确信分心是我们最大的敌人之后,我们的分析开始变得简单,因为我们一心想的不再必然是增加成功的几率,而是增加对结局的把握,这是一个很好的防御策略。但是,除非认识到"不可能实现"并不意味着"绝不可能实现",否则找到有创意的解决方案的几率将会大大受限。

在那些紧张的日子里,我记得自己不时会想,很少有军队,如果还有的话,能拥有这样一群勇敢和认真的人。随着讨论继续,我知道我是在一个看似不可能的情况下,要求他们竭尽所能、竭尽所有。而且我还知道,他们会时刻做好准备,愿意答应我的每一个请求,包括我让他们发挥想象力的要求。

到会议结束,团队中出现了三个可能方案。

第一个是库蒂·亚当提出的。他认为,如果我们不能在恩德培救出人质,我们应该试着让人质走向我们。如果能说服劫机犯飞向以色列——让他们相信,一旦到达以色列,他们可以用人质交换罪犯,我们可以发起一场类似对萨贝纳航班发起的偷袭。

无可否认,这是一个极富创意的想法,但它假定我们手中握有砝码,而其实我们并不拥有。恐怖分子肯定不会无缘无故选择恩德培——不仅因为它相去以色列的距离,而且因为他们拥有乌干达总统伊迪·阿明(Idi Amin)的支持。据我们所知,阿明将这些恐怖分子称呼为"受欢迎的客人"。让他们放弃这样一个优势似乎不太可能,而且在有证据表明我们会遵守我们的诺言之前,这也肯定不会发生。另外,萨贝纳救援行动广为人知,它已经不是一个秘密的脚本。

第二个办法是古尔本人提出的。他认为救援行动必须在恩德培进行。古尔描述了这样一幅场景:以色列伞兵将通过维多利亚湖悄悄潜入恩德培机场,然后向劫机者发起突然袭击,并留在原地保护人质。

这一计划切实可行,因为以色列国防军更有能力去上演这样的场景。但它缺乏的主要是一个撤离计划。一旦人质获救,没有办法带他们撤离。如果乌干达军队出面干预,它有可能派出一支大到足以制服我们的、最精锐的突击队的力量。

而第三个办法是迄今为止想象最为丰富的一个方案。以色列空军指挥官班尼·佩莱德(Benny Peled)少将提议,以色列先占领乌干达——或者至少恩德培机场。这样,以色列的伞兵就可以暂时占领城市、机场和海湾,之后再袭击、击毙劫机者。接管了这一地区之后,空军的大力神军事运输机可以降落在恩德培机场、把人质带回家。

表面上,这一计划看似荒谬可笑。古尔将其描述为"不现实,只是一个幻想"，其他人也同意古尔的论断。但在这三个计划之中，它却是最令我感兴趣的。我的感觉是，除了它的规模和野心，佩莱德的计划没有什么是无法办到的。不像古尔自己的计划，这个计划还包括了一个撤离人质的策略。不像库蒂的计划，它不会要求我们操纵恐怖分子违背他们自己的利益而去行事。实际上，当会议结束时，佩莱德的计划是唯一一个还未被我驳回的计划。

那天深夜，拉宾重新召集了主要内阁成员开会，讨论劫机者的要求以及我们应如何应对。我们收到了一份名单，上面列有恐怖分子要求我们在七月一日中午十一点之前释放的犯人名字。我们只有不到三十六个小时的时间决定是否照办。这份名单包括了四十名关押在以色列的恐怖分子，还有五名关押在德国，法国和瑞士各关押一名。即使我想答应这一要求，做到也是不可能的——因为没有足够的时间来组织这样复杂、涉及如此多国家的释放行动，而且我们也没有理由相信其他国家会参与。肯尼亚政府表示，名单上的恐怖分子已不在肯尼亚国内。法国人则声称，他们已经释放了据称关押在他们领土上的恐怖分子。西德人则确定不准备释放名单上巴德尔–迈因霍夫集团（Baader-Meinhof）的恐怖分子，因为这些人必须为犯下如此多的恐怖谋杀和暴力负责。

在我看来，不可能满足劫机犯提出的要求正好为营救增添了理由，尽管军事救援行动也许看起来不太可能，但现在看来，跟成功的谈判相比，我们更有可能发起一场成功的救援行动。基于这样的情况，我认为我们最好把所有的努力都集中在如何发起一场最成功的救援行动。而对拉宾而言，他并不像我那样认为谈判会树立多么坏的先例。他注意到，当他见到人质亲属时，他们提醒拉宾说，一九七三年战争之后，以色列曾用犯罪分子交换过牺牲士兵的遗体，现在人质还活着，我们怎能拒绝释放这些犯罪分子呢？

我理解人质家人的绝望从何而来。但我告诉拉宾，我们从来没有释放过一个屠杀无辜平民的犯罪分子，而劫机者现在要求释放的人正是这类人。向他们的要求屈服真的会树立一个令人不安的新先例。

随着辩论继续，拉宾对我变得不耐烦了，这或许可以理解。尽管我知道，我提出选择军事行动的理由既符合道义，也切实可行，但我是当时屋子里唯一鼓动这一选择的人。而且到目前为止，我仍然拿不出一个可行、详细的计划可以向总理展示。劫机分子提出的最后期限只有不到两天的时间，这使得整个军事行动对拉宾而言感觉更像是抽象的概念，令他心烦意乱。在会议结束之时，拉宾决定，以色列是时候宣布它愿意释放四十名犯人了。而我却认为，我需要一个更好的计划。

* * *

在我们刚得知法航的班机已经在乌干达降落时，我的一个保镖把我拉到一边告诉我，他曾当过伊迪·阿明的助手，所以和后者很熟。

"只要他可以，他会把这事一直拖下去的，"他这样评论阿明，"他喜欢人们的关注。"

周三凌晨，当我睁眼躺在床上的时候，我不停想着他说的话。如果我的保镖说得没错，这意味着尽管出于非常不同的原因，阿明和我有着同样的目标：延迟这场危机结束的时间。那天早上我返回国防部，更加确信阿明有可能会要求恐怖分子推迟他们的最后期限。与此同时，我召集了几个曾在乌干达服役、了解阿明的国防部军官。这一刻茅塞顿开。

军官们告诉我，阿明非常依赖那些和他亲近的人的判断，而且他喜欢公众的关注，非常希望能在国际舞台上和其他国家元首平起平坐。他甚至想象，有朝一日他可以获得诺贝尔和平奖。但同时他又是一个残酷而怯懦的统治者，根本支撑不起他强大的雄心。其中一人回忆说，一次有人送给阿明一把手枪作为礼物，结果他竟然用枪瞄准自己别墅人满为患的后院，然后不分青红皂白地开始一通乱射。他们告诉我，阿明不喜欢卷入外国人的战争，因此乌干达军队不太可能会大批出现在恩德培。他们还告诉我，他们认为，这位独裁者不会主动杀死人质，因为阿明曾经讲过一个故事，说他母亲曾经告诫过他永远不要杀犹太人，否则他会付出高昂的代价。然而，军官们清楚地表示，阿明也有可能会难以预测。如果他感觉尊严受损，或是他在晚上做了一个栩栩如生的梦，就像过去发生过的那样，那他的行动就没有什么可以解释的了。

这次谈话价值巨大。我从中得出结论，乌干达的军队对我们的军事行动并不会构成威胁，而且阿明也不会在自己处于国际戏剧性事件中心的时候支持处决人质。我觉得，我们可以控制阿明，让其做出对我们有利的事情——我觉得我们可以讨好他的自恋心态，并且为我们所用。

我曾要一个被阿明视为朋友的军官巴鲁克·"布卡"·巴-列佛（Baruch "Burka" Bar-Lev）上校去接触阿明。我叫他打电话给阿明，并告诉阿明自己代表以色列政府高级领导人和阿明说话。我告诉布卡，可以在阿明的自尊上做点文章——要给他留下印象，即以色列视其为一位具有国际重要性的领袖，并且试图说服阿明干预此事。"告诉他如果出了事情，他会被世人指责，这也会使他看起来更弱，"我补充说，"告诉他如果他帮我们，他没准儿会赢得诺贝尔奖。"

那天下午，拉宾召集高级部长开会讨论劫机事件，并审核我们的选择。和我们一样，他对人质尤其是人质中的儿童深表关怀。作为一名杰出的国防部前指挥官，拉宾充分了解我们的能力和局限所在。他告诉我们，不管我们的官方立场如何，如果不采取军事行动，我们没有其他选择只能谈判。

"到了这一阶段，我想军事行动已经是不可能的了。"他推断，"我们该做什么？进攻乌干达？我们究竟怎样才能到乌干达？"

"我们的目的，"他继续说道，"不是采取军事行动，而是拯救人民的生命，直到此刻，我还看不出我们有什么办法。"

不久之后，我自己召集了一个会议，被古尔形容为"幻想协商会"。我的想法是将国防部里最有创意的头脑集中起来，考虑每个已知的选项，并大胆地设想那些尚不存在的选项。我要古尔邀请那些明知不可为但仍感兴趣去做计划的人。这些人一到，我要求古尔向他们介绍向维多利亚湖投放伞兵这一计划的最新进展。古尔没有什么好消息可以报告：军方已经确认，湖里有鳄鱼出没；前一晚进行的演习失败了。摩萨德的头领则汇报说，另外一个需要用到游艇的计划也行不通，因为它需要肯尼亚方面的参与，而他肯定肯尼亚政府不愿去冒被报复的风险。而且对我们如何撤离被解救的人质也没有一个清晰的答案。

古尔的计划被束之高阁，我转向佩莱德。自从上次我们讨论过后，他已修改了他的计划，所涉空间缩小了。佩莱德决定只占领机场，而非整个城市。他提议出动十架大力神飞机投放一千名伞兵。

伞兵和步兵统帅丹·舒姆龙（Dan Shomron）将军很快提出了反对意见。"等你们的第一批伞兵落地，不会剩下任何人质等你们来救的。"他解释说，恐怖分子肯定会看见伞兵从天上降落，然后开始屠杀人质。

随着对话推进，围坐在桌边的其他人提出了一个更为精准的行动计划——调遣两百名士兵、在机场降落一架飞机。不过这一计划的风险是，飞机有可能被雷达发现，但它的一个附加好处就是有办法把人质带回家。

据我估计，这一计划是我们所有计划中最为可行的一个，因此我让小组成员继续研究细节。目前的麻烦就是我们还是有太多的事情不知情。因为缺乏情报，我们裹足不前，而且我们也不能完全相信已有的情报。一份报告称，一支苏式战斗机中队可能会干预此事；而另一份则声称，一整营的乌干达军队已经被调集至机场。我们不知道到底有多少恐怖分子在那儿，甚至是否还有人质在飞机上也不知道。我们的营救计划要求我们的士兵降落在机场，而我们却对他们到达后究竟会发现什么一无所知。

会议休会之后，我得知布卡果真和阿明说上了话，而且急于跟我汇报。布卡做了所有让他做的事儿，但是阿明很坚决，声称自己无力在自己的土壤上阻止恐怖分子。他不愿出面帮忙只是证实了我的观点——军事救援行动是我们唯一的选择。

从谈话中我们得知，劫机者已经释放了四十八名非以色列籍的人质，之后我们也证实了这点。但是，区分事实和虚假仍然十分困难。阿明发誓说，有三十个劫机者，尽管根据旅客名单，我们认为劫机者应接近七人。他说，劫机者穿自杀式背心、里面有足够的TNT可以炸掉整个机场，这虽有可能，但考虑到他们登上的是民用航班，这也难以令人相信。

然而，这些就是所知的情况。又经过了一个不眠之夜，我迎来了黎明，但心中却感觉黑暗得吓人。时间已是周四，七月一日，劫机者的最后通牒将在当天下午到期。尽管我怀疑这一期限可能会延期，却害怕如果我有任何闪失，等待我们的可能是一场大屠杀。

清晨，拉宾安排了一个部长级会议。会议开始前，我把古尔拉到一边，讨论我们刚刚收到的情报。四十八名非以色列籍的人质有一些已经抵达巴黎，并且提供了极为关键的细节。比如，我们证实，人质被关押在两个航站楼中的一个——被我们称为老航站楼的那个。看守人质的除了恐怖分子，还有乌干达士兵，而且人质已经不关押在飞机上了。我们还得到了航站楼布局的详细信息。对我来说，这些已经足够为救援行动做准备了。尽管我是国防部部长，我知道为了说服拉宾，我还需要其他部长的支持，尤其是古尔，他是个关键人物，没有他，军事行动就不会有实现的途径。在我说服他之前，试图说服其他内阁成员没有多少意义。但是古尔并不是一个容易劝服的人。

在听完我给他的最新情报后，古尔说："作为陆海空参谋长，我不能提出这个营救人质的计划。"听完这话，我明白或多或少我又得单打独斗了。

部长级委员会会议在一片沉闷、压力巨大的氛围中开始。最后的期限迫在眉睫，紧张气氛不可避免。我宣读了布卡和阿明的电话谈话记录，以此开场。我解释说，我们从电话中得到一些有用的情报，但很明显，阿明并不是我们需要的领导者。

谈话转向乘客的家属。部长哈伊姆·扎多克（Haim Zadok）告诉大家，人质家属坚持让我们和劫机者开始谈判，并且期望我们竭尽所能来解救他们的亲人。

"问题并不仅仅是人质家属的诉求，"我接连着两天这样重复，"有一点应该明确，和恐怖分子谈判、让以色列屈服，会在未来打开一个更大的恐怖缺口。"

"谁说这会打开一个更大的恐怖缺口？"拉宾反问。

"是我这么说的。"

"我要你说清楚，并且进一步详细说明。"他回答说。

"直到如今，美国人还没有向恐怖屈服，因为以色列人树立了一个绝不屈服的世界标准，"我解释道，"如果我们屈服了，不止一个国家，整个世界都会同意，我们将招来更多类似的劫机事件。"

"这就是目前的情况，"拉宾说，"在这一时刻，不做决定本身就是一个决定。"

这样的辩论持续了几个小时，直到拉宾再次干预说："我希望澄清一点：我们没有时间回避。最基本的问题是，我们是不是愿意和劫机者谈判？我要求你们这些政府官员不要逃避回答这一问题。"

部长以色列·加利利（Yisrael Galili）回应说，他认为政府应该立即开始谈判，包括"愿意释放那些被关押的犯人"。拉宾支持他的建议，他注意到以前我们也做过类似的交易，为什么在这一情况下这样的交易反而不能接受？他不愿意卷入这一问题的辩论。

"先例不是问题，"我说，"问题在于未来，人民的未来以及以色列飞机和航空的未来。除了那些被劫持人质的命运，我们应该关注这里人们的命运，关注这个国家会发生什么，还有对劫机和恐怖的重视程度。"

拉宾并未为这番话所动，因为我仍然缺乏令人满意的备选方案。"我希望知道是否有任何人反对，"他说，"而且我不想在这件事上有任何误解。我提议，我们不要讨论如何谈判，但政府可以授权团队继续尝试解救人质，包括交换以色列的犯人。"

当拉宾问有谁支持这一提议，桌子周围每个人都举起了手，包括我自己。因为拿不出清晰的军事行动计划，我眼下最需要的东西就是更多的时间。如果开启一个缓慢的谈判过程可以带来拖延，那也许我们可以找到足够的空当来创造奇迹。与此同时，它还会带来的一个好处就是保持沟通渠道的畅通，而我也不会显得像个被唾弃者，观点理所当然地被人立即驳回。不管怎样，如果我能提出一个军事行动计划，我还是需要赢得拉宾的支持。

会议开完一小时之后，布卡和阿明再次通了电话。阿明坚持要布卡收听非洲广播（Radio Africa）播出的一则公告。除了说他自己已经尝试过但失败了，还有按计划人质会在下午两点被屠杀，此外他没有说任何东西。

我们焦急地等待收听公告。尔后，得到了短暂的喘息：劫机者将最后期限延后了三天。阿明即将启程去毛里求斯，参加非洲统一组织（Organization of African Unity）的一个会议，而劫机者们答应在他返回之前不会采取任何行动。一下子，我们有了几天的时间，而不是几小时。

我把古尔叫到我的办公室，告诉他我们需要碰头讨论各种方案。他非常吃惊。"你刚刚投票同意政府让步。"他一脸不信任地大叫道。"这是个拖延时间的计策，"我解释说，"而现在我们有时间了。因此我们应该尽可能地好好利用它。"那天下午，"幻想协商会"再次开会，而且这是第一次让人感到，一个切实可行的营救计划正在逐步形成。库蒂·亚当和丹·舒姆龙已经草拟了一份行动方案，包括在恩德培机场降落飞机，然后控制机场。他们详细描述了行动计划。这一行动将在黑暗的掩护下展开，前后不会超出一个小时。第一架飞机将在晚间十一点着陆，紧随一架英国航机，以便能躲避雷达的探测。从飞机肚子里将会钻出两辆汽车，直接驶入老航站楼，卸下一队突击队员。这些人将除掉劫机者、救出人质。十分钟内，我们的另外一架大力神飞机也会着陆，里面会再出现两辆汽车。那里面的突击队员将朝"新航站楼"进发并控制它，一同被控制的还包括跑道和燃料库。一旦行动完成，两架以色列飞机将降落撤离人质。

我们讨论了每一种可能的结局，我们可以想到的每个变数、每个可能出错的地方。我们可以发动这一军事行动最近的日子是周六晚间，尽管对计划的可行性仍然存有一些问题，军官们至少同意，我们有了时间做准备。但古尔表示担忧。他解释说，即使行动如预想的那样奏效，我们的飞机也没有能力不做停留地一路飞往乌干达。如果肯尼亚不同意让我们使用它的基地来加油，那这一行动根本没有可能。古尔觉得，即使我们得到肯尼亚政府的许可，我们依然缺乏足够的情报让我们定心。我们仍然不知道我们将面对多少恐怖分子。

"没有情报，我不会推荐这一行动，"他大声喊道，"我在这里听到的一些事情还不值得动用国防部总参谋部。如果你想要詹姆斯·邦德——你们不会在我这儿得到。"

我则告诉古尔，摩萨德还在努力为我们获取更好的情报。与此同时，我要求他授权成立一支特遣队，开始为进攻做准备；如果我们能够得到我们所需的情报，我们就必须准备好行动。古尔同意了，还任命丹·舒姆龙指挥这一行动。

下午五时，我和拉宾、一小群部长们见面继续讨论。到了这个节点，我还没有向拉宾汇报我们考量之中的计划细节。因为我只看到过早汇报的弊端，但我还是继续推动我的营救计划。

"如果有军事行动，它仍旧是更好的选择。"我说，"我承认，直到现在我们并没有具体的计划——只有想法和想象。但是其他的替代方案即完完全全的屈服。"在很大程度上，人们再一次地无视我的这番恳求。

会议结束时，我的信心急剧下降。尽管我身边所有人都在努力，尽管他们愿意用力推动我的计划、为我开创性思考，我越来越感觉自己的确是在孤军奋战。而且尽管本-古里安一直教导我独树一帜的优点，我还是相信，如果一个人一直孤立一人，他必须思考是否自己是错误的一方。我开始怀疑，是否我对事物的终极目标过于热情，以至于影响到了我对实际操作性的判断，是否我变得太拘泥于营救人质的原则性问题，以至于我对无法回避的现实视而不见。现如今，我无法向本-古里安寻求建议和智慧了。于是，我转向和他最接近的一个人——我的老朋友达扬。

我得到消息，达扬已不再为政府工作，此时的他正在特拉维夫一家海滨餐馆和澳大利亚的客人共进午餐。我驱车直接到餐馆见他。

看见我,达扬很吃惊,他的朋友亦然,看起来他们刚开始喝汤。我向他们道歉,然后请求达扬走到一边,以便我们可以私下简单聊聊。我开始解释情况,一名侍者拿着两杯红酒走过来,我这才意识到,这是我一整天吃的唯一的东西。

我描述了一下情况——大胆的营救计划、情报的缺乏、众多的风险、反对意见以及无法预知的后果——在我陈述时,我可以看到达扬充满了欣喜。

"这是一个我会百分之一百五十支持的计划。"他宣布说,并把计划的那些缺点斥为战争不可避免的风险不加考虑。"你竭尽所有推动这一计划是对的。"在这一最重要的时刻,达扬增强了我的信念。尽管我什么也没吃,但是我离开饭店时比来的时候感觉更饱了。

周四晚间十一点,拉宾举行了另一场内阁会议,讨论了人质谈判的一些琐碎细节。我不确定自己是否说了一个字。我的思绪回到了跟达扬的那场谈话,然后又前进到我该如何说服其他人。

午夜过后,会议结束,但在回家前,我决定再向古尔挑战一次。我们谈了大约几个小时,不仅谈到了犹太国家,还有犹太人民——和我们所有人的利益攸关的事情。我谈到了军事行动的巨大危险,以及如果我们选择屈服,会有更大的危险降临到我们所有人身上。我试图打消他的疑虑,但是,当我们凌晨时分分开之时,我仍然没有说服古尔。我回到我办公室的沙发上,躺下休息了一小会儿,期盼着我的话之后在古尔脑海里重现时,也许会对他产生更大的力量。

* * *

睡了大约不到一两个小时,我被突如其来的疼痛弄醒。一直困扰我的牙痛之前还只是让我分心,而现在已开始令我备感虚弱。因此,在所有的喧嚣混乱之中，我不得不紧急约见牙医。

我的牙医兰格医生（Dr. Langer）是我的一位老友。他的儿子是国防部的指挥官，周末的休息已经取消。因为看到了恩德培人质事件的新闻报道，兰格医生肯定知道取消的原因，也一定想知道军事行动是否会发生，他的儿子是否会面临生死危险。但在治疗我的牙齿时，他却只字未提——他就是这样的人。

回到办公室，我被新情报轮番轰炸，这些情报都是我不在时收到的。我们已经派出了总参谋部侦察营一个名叫阿米拉姆·列文（Amiram Levin）的军官前往巴黎，协助法国情报官员一同问询非以色列籍的人质。其中一名人质、一位老先生走近列文说："我知道你们需要的东西。"

他告诉列文，他曾是法国军队的一名上校，因此在他被关押在恩德培机场时，他知道自己该留意些什么。他画了一张所谓老航站楼的草图，并简要描述了那里的布局，人质就被关押在那儿。从他口中，我们得知，一共有十三名恐怖分子和大约六名乌干达士兵。他告诉我们，人质被关在航站楼的主大厅，但飞机上的法国机组成员被羁押在女士洗手间。飞机并没有停靠在附近。他说，老航站楼有一面用空柳条箱垒成的墙，劫机者警告说，里面布满炸弹。不过从外面看不到电线，也没有任何迹象显示它们会被引爆。这是很丰富的信息。因为法国人的慷慨之举，以色列的安全再一次得到了加强。

除了此人的报告，我们还收到了另一份来自摩萨德的情报。几天前，我们批准了一项飞行任务，派出一架飞机去拍摄恩德培。任务很成功，现在我们已经拥有了高质量的机场照片。我们还从摩萨德头领伊扎克·霍非（Yitzhak Hofi）处得到确认，肯尼亚已经同意让我们用他们的空军基地作中途停留。古尔和我在他的办公室见面讨论了这些新的情况。须臾之间，他的怀疑消失了。他准备支持这一计划。

有了古尔的支持，我立即让所有的事情开动。古尔马上利用这些新情报去和"幻想协商会"的其他成员落实行动计划，与此同时，我则去向拉宾简要汇报情况。

　　我走进总理的办公室。"在这个时刻，"我说，"从个人而非官方立场而言，我确信，我们已经有了一个真正的军事行动计划。"我向拉宾描述了这一计划，以及正在忙活计划的那些人中的一些疑虑。我告诉拉宾整个经过，从围绕着计划召开的数次会议、人们提出的疑虑、解决了的以及仍然存在的疑虑。拉宾叫了霍非加入谈话，这样他可以随时提问。

　　拉宾有政治上以及战术上的担忧。战术上而言，他担心第一架降落的飞机，也许会在它可以卸载之前就被发现、被袭击，使得士兵们无法部署，而人质就会无人保护，完全置于认为已受到攻击的恐怖分子的魔爪之下。从大方面来说，他担心，这一任务一旦失败会对国家造成很大的伤害。"它可能会比其他任何一种方案对以色列造成更多的伤害。"他这样认定。在战术上，摩萨德的首领对军事行动表示支持。至于失败的风险是否值得尝试——这个问题则需拉宾自己回答。

　　"无论如何，我有义务遵守内阁的决定。"拉宾得出结论，他指的是早些时候关于开启谈判的投票。我同意，他有义务，那是真的。但是我要求他给我们机会向他报告这一计划。"如果你支持它，内阁也可以选择支持它。"

　　那天下午晚些时候，当我把"幻想协商会"所有成员召集到我的办公室，古尔宣布他们已经准备好向总理汇报这一计划了。"跟我说说细节吧。"我要求道。

　　尽管我还不知道拉宾的决定，我知道我们的成功取决于我们获准前行的那一刻起就做好准备。作为国防部部长，我有权派遣以色列国防军到以色列境内的任何地方而无需总理的批准。因此，与其等待总理的答案,我命令大力神军用飞机次日就离开特拉维夫到西奈半岛的沙姆沙伊赫待命。我知道那里是执行这一任务的最好出发点——而且,如果我们得到了拉宾的许可,我们没有时间可浪费。

这一计划现在脉络清晰。从沙姆沙伊赫,我们的军队将在雷达探测不到的区域飞越埃塞俄比亚领空,沿商用航班的飞行路线接近乌干达。由约尼·内塔尼亚胡带领的突击队将在老航站楼袭击恐怖分子并保护人质安全。其他的飞机则每隔几分钟飞来一架,运送突击队员。他们中的一些人负责控制新的航站楼、跑道和加油站,另外一些人的任务则是摧毁停靠在附近的苏联制造的战斗机。另一队人马将在高速公路上设置路障,阻止增援部队及时到达机场。

一旦获救,人质们将被带上其中一架大力神飞机,飞往内罗毕加油。其他的飞机则紧跟其后去肯尼亚,然后再一起飞回以色列。这一行动已经精确计划到每一分钟,突击队员也已经开始演练这些动作,并昼夜不停地排除各种情况。他们像祖辈父辈研究犹太法典一样,研究机场的地图。然而,这一行动还是有成百上千个变数需要考虑,有无数种出错的可能。

随着我们讨论的继续,一桌子的人中有人提出了一个富有创意的想法:他跟我们一样,知道阿明眼下并不在国内,他提出我们把一名突击队员伪装成阿明的样子,然后造成一种假象:仿佛乌干达总统在他的总统车队护送下已经来到机场。守卫老航站楼的乌干达士兵在黑暗中也许会被蒙骗住,至少也足以制造片刻的惊愕。古尔和我非常喜欢这个想法,于是立即下令搜寻跟阿明的座驾同款的轿车——一辆黑色的梅赛德斯。仅在前一晚,古尔还因为我幻想着詹姆斯·邦德式的任务而抨击我。而现在,他显然已经变了一个人。

我给拉宾送去一张便条,和他分享了这一有趣的新进展。"伊扎克,最后一次更新计划——一辆插着旗子的梅赛德斯牌大奔,而不是机场的车辆将从飞机里跑出来——伊迪·阿明从毛里求斯回国了。"

"我不知道这是否可行,"我补充说,"但这很有趣。"

会议结束后,我们去了拉宾的办公室。古尔向总理和部长委员会汇报了我们计划的细节。拉宾总体上倾向接受我们的计划,但尚未承诺什么。"我对这一行动仍然不太确定,"他说,"我们从来没有这么多的人质。我们也未曾有过如此有限的军事情报。这是我所知道的最冒险的行动。"他继续就计划的细节向古尔发问。"我同意所有的准备工作都进行下去,但是,我提议我们仍把这事当作是正在进行的谈判的一个附属行动,"他说,"如果我能使他们释放妇女和儿童,那将会改变整个局势。"他决定在第二天下午,也就是在飞机需要起飞前往恩德培之前,召开一个特别的政府会议。那时,也只有到那时,我们才会得到他的最后的首肯。

那天晚上,索尼娅和我还有一个无法取消的计划。几个星期前,外交部要求我设宴招待来访以色列的哥伦比亚大学教授兹比格涅夫·布热津斯基(Zbigniew Brzezinski)。美国正处于总统选战之中,如果吉米·卡特当选总统,布热津斯基将被提名为白宫全国安全顾问。他原定那天晚上到我家里过安息日,陪同他的还有以色列《国土报》(Haaretz)的编辑以及军事情报总监。如果我们突然取消计划,我担心这会令知道这一邀请的每一个人产生怀疑。

我在太阳下山前离开国防部,在家中迎接了布热津斯基和其他的客人。晚餐期间,我们对全球事务进行了深入而引人入胜的讨论,有段时间还成功地对劫机事件避而不谈。不过最终,教授将谈话引向了恩德培,他坦陈,自己对以色列不愿意发动军事营救行动感觉惊讶。然后,他逼我给他一个解释。我不愿意说谎,然而也不能告诉他实情,因此我含含糊糊地表示我们缺乏可靠的情报,还有远距离带来的挑战。布热津斯基看起来并不相信,但让我松一口气的是,谈话转向了其他话题。晚宴结束的时候，我吻别了索尼娅，向她歉疚道自己整整一周都没回家，然后立刻返回办公室。

周六凌晨，我发觉自己正在和不断加深的焦虑想法作斗争。那些醒着的紧张时分，我不断地想象着所有那些可能导致我们失败的因素，其中有大有小。在那一时期，我每天都记日记。"谁能保证，"我当时写道，"有关飞机、装甲汽车还有武器的这些数以万计的物件中，没有一个不会在最关键的时刻或是最关键的地方失灵呢？"

曙光微明，我召集了"幻想协商会"的成员到我的办公室，我命令他们再次审核一遍行动的细节。"你有什么要报告的吗？"我问古尔。他告诉我测试环节已经按计划进行，大约需要五十五分钟才能达到地面。他说，他们在全以色列也没能找到一辆黑色的梅赛德斯牌轿车，但是他让我放心，因为他们已经找到了一辆同型号的白色轿车，并已经做主把它漆成了黑色。

在聚会结束之时，古尔充满信心地宣布："没有什么理由不去执行这一行动了，成功的几率很大。"

会后，古尔和我一同驾车到机场送别士兵。这支队伍一直在为我们预想过的最大胆的军事行动作演练，但即使到他们登机之时，他们仍不知道这一行动是否会被批准。我到机场时，有些士兵走近我。他们想知道政府是否会下达命令，想知道我们是否能真的如此英勇。一些突击队队员过来和我握手，并向我保证他们对这次行动充满信心。我看着他们登上飞机——约尼一路当先，他的小队成员站在他的身边，我心里明白，所有的勇气都来源于他们。

那天下午，拉宾召开了一个内阁特别会议，向众人描述了已经出现的新情况。"到今天为止，我们已经有了一个军事行动。"在描述行动的概况时，他解释说。他说完，我开始向大家讲话。

"一个撕裂人心的问题就是我们是否应该以这些无辜、手无寸铁的公民的生命为代价,来拯救这个国家的将来?如果我们屈服,我们就会招来更多类似的行为,"我说道,"世界各国也许会理解我们的方式,但是他们会在心里嘲笑我们。"

接下来,古尔一步步地介绍了这一计划的细节,以及他的结论。正如他看到的那样,这次行动是经过精心计算、校准的,是他预计会成功的一次行动。他当然也注意到可能出现的伤亡,但他说,这些风险"在其他任何营救平民的行动中"都是存在的。

"如果飞机无法加油的话,我们最多能飞多远?"一位部长问道。

"他们可能飞不回来。"古尔回答说。

"那里的天气状况如何?"另一位部长问道。

"有风险。"古尔承认。

"如果我们发现他们连夜转移了人质怎么办?"第三个部长又问。

"那这一行动将会是完全、彻底的失败。"拉宾说。

然而,这些就是眼下的情况。这将是以色列国防军短暂历史上首次在中东以外的地方执行的使命,仅这点而言就是史无前例的。除此之外,加上情况的复杂以及一些未知的变数,我承认,它是"以色列国防军前所未有的军事行动"。但是,这就是需要付出的代价。

在漫长的讨论结束后,拉宾说出了最后这番话。

"我支持这一行动,"他首次大声宣布说,"我不是理想化,正相反,我知道我们为了什么才这么做……政府在有可能出现大规模伤亡的情况下决定是否发起这样的行动的时候,必须了解这点,"他说,呼应了古尔的评估,"尽管如此,我要求政府批准这一行动,但我此时的心情并不轻松愉悦。"

众人一致通过了这一决定。恩德培行动势在必行。

* * *

我们沉默地坐在我的办公室,也就是国防部的控制室里。拉宾嚼着一支香烟,我摆弄着一支钢笔。从起飞的那一刻起,飞机就受命在无线电上保持静默,除非出现问题。现在我们都聚集在一起,陪伴我们的还有一小组工作人员和顾问,正通过一个秘密的广播设备跟踪着这一行动的进展。在飞机飞越红海、进入埃塞俄比亚领空、倾斜飞过维多利亚湖并准备最后着陆的时候,我们没有听到任何声响。尽管沉默意味着事情按计划进行着,但这也带来了难以置信的紧张气氛。

晚上十一时,静默被一连串连贯而短暂的声响打破:为首的飞机已经安全着陆。然后是长达七分钟的静默。在这一期间,轿车将从第一架飞机开出去,开始准备列队前往老航站楼。

晚上十一时十分,丹·舒姆龙的声音打破了沉默。"一切顺利,"他说,"过会儿再汇报。"

令人煎熬的八分钟过去了,我们听到了代码"低潮",代表所有的飞机已经安全着陆。

"一切进行顺利,"舒姆龙在两分钟后再次报告,"你们很快将收到一个完整的报告。"

"巴勒斯坦。"这一代码意味着对老航站楼的进攻已经开始。

接下来的十二分钟,我们没有听到任何声音,我们的想象填满了这片空白。我们知道,以色列突击队队员们正在两千英里之外与恐怖分子和外国军队进行枪战,但此外我们一无所知。

最后,沉默被打破:"杰斐逊",这一代码意味着人质撤离开始了。"把所有东西搬到加利利",意味着他们正护送人质登上大力神军用飞机。我们尚未逃离危险的境地,不过看起来行动仍然按照计划进行。

然后,突然,我们听到了一个我们一直害怕听到的代码"杏树林",这表明约尼指挥下的军队需要医疗救护。我们听到发生了两起伤亡,但是我们不知道受伤的程度。接下来的时刻,我们想象着最糟糕的可能——一支没有预计到的军队向分队发起攻击,我们的情报不准确,而且我们才刚开始付出代价。

但就在我们的头脑往最黑暗的方面想的时候,我们听到了最重要的代码"卡梅尔山",这意味着所有的飞机已经重上天空,人质已经安全登机。

欢呼声响起,忧虑化为庆祝。我们曾尝试去把握不可能之事,而如今我们已经将它抓在手中。午夜刚过,古尔给我的办公室打了电话,向我们报告了行动的细节。

他告诉我们,行动大约持续了五十五分钟,所有的恐怖分子都被击毙。我们救出了除四人之外的所有人质。其中一名人质多拉·布洛赫(Dora Bloch)病情严重,我们后来得知其在乌干达的医院里被人谋杀。其他三名人质让-雅客·米穆尼(Jean-Jacques Mimouni)、帕斯科·科恩(Pasco Cohen)、艾达·博罗绍维奇(Ida Borochovitch)在枪战中错听了国防军士兵让他们躺下的指令,在交火中惨遭不幸。我们同时还确认两名士兵受伤,但仍然不知道他们的伤势和身份。

拉宾回到他的办公室,而我把布卡叫到我的办公室。我想让他给伊迪·阿明打个电话,向总统暗示他在这次进攻中与我们合作。这是破坏阿明对恐怖分子信任的最好方式,借机割裂他和我们的敌人的关系。布卡拨通了阿明的私人专线,而我则站在他身旁听着。

"我是总统阿明。"

"谢谢您,先生,"布卡俏皮地说,"我想感谢您的合作。非常感谢,先生。"

阿明有点迷惑,"你知道你们并没有成功。"他回答说。

"合作没有成功?"布卡问道,"为什么呢?"

"发生什么了?"他连忙询问,"你能告诉我吗?"

"不,我也不知道。他们让我只是感谢您的合作。我的那些跟政府关系密切的朋友要我向你说这些。"

我打电话给拉宾，告诉他和阿明的对话内容。他忍不住笑起来，并邀请我一起到他的办公室庆祝。我进去的时候，反对党领袖、未来的总理梅纳赫姆·贝京（Menachem Begin）正和拉宾在一起，分享这一欢乐的时刻。他在这之后曾表示："恩德培行动将治愈赎罪日战争的创伤。"实际上，它也确实如此。

恩德培行动的所有荣耀就像在暗无天日的时光中完全鼓舞人心的一刻。它向世界传递了一个讯息——以色列勇敢、机智，它拒绝向恐怖分子屈服，它坚守普世价值。恩德培行动将以军事史上最大胆的行动之一而著称，告知世人一件身在国防部的我们早已熟知的事：以色列国防部是世界上最勇敢的军队之一。参加这次行动的勇士们在国内外都成了英雄、名人。

这也是关键的治愈时刻，赎罪日战争之后失去的安全感和安定感回归了。并且它也向全世界的犹太人民传递了这样一个信息——我们的民族拥有一个可以庇护他们的国家。

拉宾和我决定向媒体发布一个由我们共同起草的简单声明。声明只有一句话："国防部的军队今晚在恩德培机场解救出了人质和机组成员。"

七月四日凌晨三时，我回到办公室，最终躺在沙发上，准备补上几天以来的第一个觉。尽管我精疲力竭，但我躺在那里却无法入睡，想着大力神飞机肚子里的那些人质——想着他们的所思所感。当我闭上眼睛，我想到了国防部的英勇无畏以及"幻想协商会"的成员，甚至在明知我的乐观放错了地方的时候，仍然充分挖掘他们的创造力想出行动计划。但是，他们从来没有质疑行动的重要性和可能性。没有拥有这些特质的人们，营救行动将不可能开展。

我听到门那儿沙沙作响，睁开眼睛看到古尔站在我跟前。上一次见到他时还是笑容可掬、欢呼雀跃，现在，他的脸却是阴沉而低落的。这是一张得知悲剧发生但却无法用言辞倾诉的人的脸庞。

"怎么啦？"我站起身问道。

"西蒙，"他无力地说道，"约尼死了。他被控制塔上的一个狙击手的子弹射中，子弹穿透了他的心脏。"

我转过脸去，面对墙壁。在这一整周的紧张气氛中，我硬着头皮、很好地控制住我的情感。我不知如何回应古尔，古尔也说不出更多的话来。他随后离开了办公室，而我则放声大哭起来。

第二天早上，拉宾和我去了机场迎接获救的人质和凯旋的突击队队员，约尼死后，突击队由穆基·贝策率领。乘客的眼中满是欣慰，他们一直以来深陷恐惧，不知我们是否会来救他们。他们的体谅和感恩是如此有意义，深刻地提醒着人们这一行动的人性的一面。当家人重聚，我在一旁静观——孩子们拥抱着他们的母亲、妻子紧紧抱住丈夫。我目睹这些美丽的时刻，看着人们无限的忧虑变为无法压抑的喜悦。然而在内心深处，我仍被悲伤折磨。尤尼的牺牲也提醒着人们这一行动中展现的人性的另一面。

"还有什么重担我们没有放在约尼和他的同志们的肩膀之上？"次日，我在写给我们这位牺牲英雄的颂词中这样说道。"国防部任务中最危险的一次、所有行动中最大胆的一次；距离家园最遥远的行动、距离敌人最近的行动；夜晚的黑暗、勇士的孤独，和平时期和战争时期，一次又一次地承担起风险。"

"约纳坦是位勇敢的指挥官……他用勇气战胜了他的敌人；他用内心的智慧征服了他的朋友；他无惧危险，胜利没有使他自负……他的陨落换回了整个国家高昂的头颅。"

* * *

当你在做有关恩德培的决定时,你考虑的是什么?

在恩德培行动之后的四十年中,许多人用许多不同的方式问过我这一问题。但论尖锐,没有一个问题比得过一九八〇年的四月二十四日吉米·卡特总统在白宫问我的。

那周我正在华盛顿,当时是以以色列反对党的领袖身份访美。卡特总统的办公室和我约定了一早开会。我到达后,国务卿和副总统陪我一起前往椭圆形办公室,但卡特要求他们在外面等候。

一百七十天前,一群伊朗学生袭击驻德黑兰的美国大使馆,并劫持了美国外交官和职工为人质。卡特总统要求他的国家安全委员会顾问兹比格涅夫·布热津斯基拿出一个人质救援计划。在和伊朗人多次谈判无果之后,卡特准备放弃军事行动。

"佩雷斯先生,你会怎么做?"他问道,"在恩德培问题上你考虑的是什么?"

我告诉他,如果存在军事行动的现实可能性,我就会接受军事行动。我们的问题是我们信息了了,不得不摸黑工作。可即使当我们获得了所需的信息,仍然存在着巨大的风险。但我说,每个行动都会如此。因此,最后,我们决定抓住机遇,并且在风险中找到了冒险的价值所在。

卡特总统感谢了我的建议,然后我们便分手了。当时我有所不知,但很快就知道,那天更早时候,他已经发起了军事行动。面对同样的境地,他已做出了同一个决定。但不像恩德培行动,它的结果却是灾难性的。几架直升机遭遇技术故障,其中一架撞向了大力神军用飞机,八名士兵身亡,行动不得不中断。这是一个可怕的悲剧。

第二天下午,我接到了美国知名新闻主播芭芭拉·沃尔特斯(Barbara Walters)的电话。"你听到这个消息了吗?"她问我。

"当然,我听说了这消息。每个人都听说了。"我承认。

"你有什么感想吗？"

"我认为卡特总统做出了正确的决定。如果一架直升机撞上了飞机，你能怎么办？你不能既是总统，同时又是士兵。我认为他是勇敢的，而且行动失败很不幸。但这是你在每个行动中都必须面对的风险。"

从最简单的角度，我说出了我所相信的最根本的东西。只有在看到失败之后，我们才能知道我们是否错误地判断了风险。当然，历史学家会将恩德培的成功和卡特行动的失败做比较。但人们应该避免过度地从成功或是失败行动中汲取具体的战术性教训。我相信，在乌干达发动营救行动的决定是正确的。即使失败了，发起行动的决定本身依然是正确的。对一些领导者而言，这是最难以理解的事情之一：一个决定即使它最终失败也可以是正确的。这样说，并非暗示美国的人质营救仅仅是因为运气不好而失败。为了执行如此复杂的行动，军队需要与之相称的周密准备和策划。但尽管减少失败的可能性是可能也是重要的，领导者也不可能完全消除风险。二〇一一年，巴拉克·奥巴马总统对本·拉登在巴基斯坦的巢穴发起突袭，尽管计划周全，也不能阻止其中一架直升机从空中掉落。这次行动最后奇迹般地成功了，因此也赢得了和恩德培行动比肩的地位。但是，用行动是否成功来定义总统做决定时的勇气是不妥的。毕竟，在不知道结局之前，他都必须鼓足勇气。

考虑到了成功和失败之间的微小界限，也了解了在一种情况下奏效的东西在另外一种情况有可能就是灾难，那么，这些行动教会了我们什么东西呢？自然不是关于大胆的军事行动是不是最好的做法，因为，对各种选择进行大胆地思考永远才是最好的做法。

历史往往由成功和失败来定义。但追求成功、避免失败并不依赖于我们希望的能力，而是依赖于我们是否能够清晰地思考、明智地选择，以及最终做出符合道德的选择——即使我们面对危险也是如此。"幻想协商会"成功了，因为它建立了一个竞技场，可以激发人们不倦的好奇心和全新的建议。如果领导者们要求人们忠诚，但却不鼓励创造性，也没有外部激励，失败的几率将会极大地增加。这就是恩德培给我们的最大教训之一，但这包含在一个更大的教训之中——不去鼓励人们大胆地设想不可能之事，我们将会增加而非减少风险。

第五章
建设初创国家

　　早期犹太拓荒者一无所有地踏上以色列土壤，却发现脚下的土地更是无以回报。他们发现，这片冷冰冰的土地，大部分为石质土壤，种起粮食来异常困难。位于南半部的内盖夫是沙漠一片；更为富饶的北部地区则疟疾肆虐。以色列是个神圣之地，但拓荒者们却没有在这块土地上发现石油——它也是这一地区少数几片没有油田的土地之一。没有专业技能或是经验，早期的拓荒者们面临着难以置信的挑战。他们的故事结局注定不会幸福。

　　然而，在建国将近七十年后的今天，以色列已经不再是那片永远贫穷的绝望沙漠——它成为一个科技奇迹、一个科技企业的中心，为世界经济强国所羡慕。在一个人口略多于八百万人的国家里，我们却拥有超过六千家初创公司，这样的高密集度位居世界之首。

　　这是如何发生的呢？我们是如何从一无所有建立一个国家，然后将其变为一个遍地初创公司的国家的呢？答案自相矛盾：因为一无所有既是我们最大的挑战，也是我们最大的福祉。缺乏自然资源，我们只能寄希望于自身的创造力。拓荒者面临的选择是严酷的：成功或是饿死。实际上，尽管成功看似完全不可能，向前的决定并非是我们可以选择的，而是出于必须。我们在以色列的命运也许看起来朝不保夕,但它一直都是如此:是我们最好而且也是唯一真实的希望。

因此,拓荒者投入了战斗。他们开垦田地、种植树林,击退了沙漠。他们在沙地上挖井。当土地种不出任何东西,他们只能忍饿上床睡觉,他们发誓要找到解决方法。一九二一年,他们成立了一个研究院,专门研究种子、土壤、灌溉和牲口,寻找让庄稼在土壤里更好生长的办法。他们的研究成果很快进入基布兹,然后在那里得到运用、提高和改良。

拓荒者的大部分努力都是为了单纯地生存下去。为了和粮食短缺做斗争,研究者培育的种子和种植的庄稼都可以保存更长的时间——这就是樱桃西红柿的起源。为了和缺水作斗争,他们开发出新的水循环技术,直到将近一半的庄稼都是由已经用过的水浇灌的。他们还发明出一种叫做滴灌的方式,灌溉一块地用的水比一般正常情况要少百分之七十,还不会损坏庄稼。那时,他们不会想到,这一浇灌方式会变成世界上最重要的农业发明之一,被出口和复制用以养活整个世界。他们只知道我们依靠他们,知道他们的工作就是养活我们、共竟我们的事业。

一拨又一拨的新移民重返家园时带来的正是这种同样的精神。他们到以色列时几乎丧失了所有的东西:他们的家园、社区、家人以及所有的生活方式。返回以色列不仅是绝望下的举动,也是一种英勇无畏的行为。它意味着奋力挣脱混乱喧嚣,在不确定的阴云下长途跋涉。他们到时所有之物寥寥无几,但却带着自信和勇敢的精神,他们并不在意所失,而是关注可能的所得。二十世纪八十年代晚期,苏联的犹太人只占苏联总人口的百分之二,但据估计,这些人却占到该国百分之二十的工程师和百分之三十的医生人口。当苏联领导人米哈伊尔·戈尔巴乔夫(Mikhail Gorbachev)一九八九年最终开放边境时,超过一百万的犹太人移民到以色列,他们中有成千上万人满怀专业技能，迫切希望创造出一片新天地。在我们发展的每一阶段，从拓荒者时代到企业家层出不穷的年代，移民们不断充实着我们的社区，帮助我们展开重新想象的翅膀。

一次，一位年轻的初创公司创始人问我，这么多年来，我在创新方面学到的最重要的教训是什么。"这是个复杂的问题，"我坦承，"但我将给你一个简单的答案。以色列诞生了，因此犹太人最终可以用自己的双手来耕种自己的土地。但需要记住的最重要的事情是，我们要更多地依靠我们的头脑，而非肌肉。我们知道，蕴藏在我们自己身上的宝贝要远比我们在地上发现的任何东西都要伟大。"

这是我一再学到的教训。在本舍门，我们不仅学习如何耕种土地，还学习即刻使用新开发的方法，使我们的劳动可以结出更多的果实。在阿鲁莫特，种植的工作依然继续，但学习从未停止。全新、充满希望的发明创造一直都在发生，我们将它们从一个基布兹分享到另外一个基布兹，我们不停地操练直至熟练掌握。

我不仅把创新视为解决问题的工具，也将其看成具有自身思考方式的一种活跃因素。因此，在我们创建以色列国防军时，我一只眼睛盯着现有的危机，一只眼睛远观地平线。我知道，我们需要的不仅是武器和联盟，还有科学的突破——这是一种可以保护我们免遭敌军攻击的相对优势。

正是基于这一意义，我们可以从一无所有到有所建树，我们的未来也依靠于此——也正是它驱使我在以色列开创航空业。它驱使我在国家尚不能养活自己人民之时就在迪莫纳建起核设施。从我们修理飞机的早期工作中，我不可能知道，以色列可以变成卫星和无人飞行器领域的世界领先者，甚至还把一位以色列宇航员伊兰·拉蒙（Ilan Ramon）送进太空轨道。当我创立RAFAEL、一个武器开发项目时，我不可能知道，有朝一日它会带给我们铁穹般的保护。但是，我知道，我们正在为未来打下基础。我知道，通过培养成千上万名制造业、机械工程、粒子物理和分子科学领域的科学家，我们正在培养知识——这是塑造未来最有力的工具。

当然，怀疑时有存在，不仅是对像迪莫纳那样雄心勃勃的项目的怀疑。在我担任国防部副部长时，我花了很多时间希望弄明白什么新技术可以带给我们相对优势。我不在办公室的时候，我时常走访以色列的研究所和大学，与教授和行业人士见面，了解他们的工作。一九六三年，以色列自主设计的一台计算机在魏茨曼研究所启用，激起外界一片群情激昂。我急于去见识一下他们如何操作这台机器。我看见的是一幅超乎寻常的景象——需要一个团队才能管理的一项机械杰作。我当时想，这就是军队需要的东西——一个可以取代一千名士兵、比他们集体收集的数据更多的计算机。我和管理计算机的小组成员一起度过了许多日日夜夜，学习它如何工作、它有可能会如何为军队工作。回到国防部后，我对计算机的价值深信不疑，并坚持国防部也要买上一台。

"你准备放在哪儿呢？"提到这台巨大无比的机器时，一位将军怀疑地问道。

"我们拿它做什么呢？"另一个问道，"你能带着计算机和一个师的人去野外吗？当然你不能！我们甚至还没足够的坦克，而你却在谈论计算机。坦克可以发射。它可以开火。一台计算机究竟可以做什么呢？"

那时，我已学到，即使是勇敢和胆大的人也可以成为悲观主义的受害者。不过，无需太长时间，他们的以色列同伴的创新精神就会证明他们的错误。首先，我们学会了用计算机提高我们的备战水平，很快就用计算机来研发高级的武器系统。为了一个目的而研发的技术常常会大大地服务于其他领域。这一武器系统的技术之后被用于医学成像设备,并且在世界各地挽救人们的生命。

因为以色列开始在全球范围赢得人才济济和坚韧不拔的美誉,一九七四年,世界最大的科技公司之一英特尔公司选择以色列作为其研发基地。尽管我们拥有潜力,但我们在通往"硅谷"(Silicon Wadi)的道路上没有捷径——而且正好相反。到了二十世纪八十年代早期,我们构建的旧经济秩序开始垮塌。而我则很快面临我这一生最大的挑战,也是以色列面对的最大威胁之一。

* * *

回想经济危机的可怕岁月,我不禁这样想,尽管人们倾向于悲观,历史却总是乐观主义的。

一九八四年九月,在夏日阑珊的日子里,我当选以色列总理,坐上了本-古里安老人的那把交椅。一九八四年大选举行时,由利库德集团领导的右翼政党已经执政了七年之久。那段时间,以色列的经济和安全状况越来越恶化,选民们迫切希望改变。利库德集团首当其冲地感到了这股强烈的反对浪潮,在大选中失去七个席位。但是劳工联盟党(Ma'arach Party,劳工党之前的劳动联盟)并非受益者;受益的是许多小政党。结果,劳工联盟党最终获得了四十四个席位,只比利库德集团多出三个席位。因为小政党不愿意加入联盟,我们只剩下唯一的办法:政府由多数党组成——劳工党和利库德集团的联合政府。伊扎克·沙米尔(Yitzhak Shamir)和我达成一个协议——轮流执掌政府。在四年议会任期的前半段,我将担任总理,沙米尔担任外长。这段时期结束后,我们将交换职位。这一结果并非是我期待的,但当时并没有时间悲观失望。被缩短的任期对我而言本身就是一种行动号召,要求我们尽可能地最高效、最紧凑地投入工作。

我有一个雄心勃勃的计划：从黎巴嫩撤出我们的军队，和约旦与巴勒斯坦人开始和平谈判。但我并非在真空的情况下就职。我是在经济崩溃的国情下坐上的总理交椅，经济崩溃严重得要从内部毁灭我们的国家。在我就职当天，以色列的年通货膨胀率已经达到可怕的百分之四百，经过十多年的经济失调之后，谢克尔已经开始变得不值钱。数以万计的以色列人已经因危机破产，成百万甚至更多的人预计也将面临同样的命运。因为谢克尔的价值持续下跌，杂货店的店员通常每天都需走过两边摆满货物的通道，给货物贴上新的价格标签。人们开始囤积公共电话币，因为它们的波动并不基于谢克尔，不会贬值。当时还有一个黑色笑话，说起来还带着某种先兆，说以色列人坐出租车要比坐汽车便宜，因为公共汽车是先付车费，而出租车是乘完了车再付费。

以色列的经济过去并非如此。一九四八年至一九七〇年间，以色列人均国内生产总值几乎增加了三倍，尽管这一时期的人口总量增加了两倍。为了搭建好国家的根基，从住房到道路再到电网和港口都进行了大规模的政府投资。但在上世纪七十年代，情况开始发生变化。在赎罪日战争中，为了抵御敌人入侵，军队不得不征召成千上万名预备役军人，因而暂时打乱了私有行业。战争过后，以色列极大提高了国防的预算。这一开支加上一个重大的新社会福利项目，造成了巨大的财政赤字。与此同时，石油输出国组织（OPEC）中的阿拉伯国家成员对那些在赎罪日战争中援助以色列的国家实施石油禁运，进而导致全球性经济衰退。这些因素综合起来造成增长缓慢，接着停顿，最终导致通货膨胀。政府补贴的社会福利项目的开支增加，财政赤字也随之增加，通货膨胀极大恶化。似乎一下子，我们无可控制地陷入了经济灾难。

那时，我们的经济结构与现今非常不同。它是一种社会主义的体系，政府在经济生活的每个层面都发挥作用。政府既是各个行业的创造者，也是它们的拥有者。政府是经济和货币政策的仲裁者，基本可以无视市场自身的力量。尽管如此，在一些行业，各种经济成分混杂在一起。比如，就像许多行业一样，银行是由私人拥有。我们创造了以色列独有的一个体系，期望我们可以基于共享价值而非简单的供求关系之上建立一个经济形式。但是，随着商业变得全球化、公司开始变为跨国企业，我们意识到，我们可以控制的东西其实极为有限。政府为保护人们不受经济放缓的严重冲击而采取的措施——提高营业税来提高工资——正适得其反。这些措施没有抵御住野兽，反而喂养了野兽，结果造成了一个足以摧毁整个国家的恶性通货膨胀。到一九七九年，通货膨胀率已经上升至百分之一百一十一。在十年之内，经济的地板开始在重压下变形。一九八三年，特拉维夫的股票交易市场崩溃，以色列的五家银行中有四家不得不收归国有以防止它们破产。

高科技行业并非完全不受这些因素的影响，但即使是其余的经济领域开始崩溃，它仍然保持坚挺。以色列的高科技行业以出口为主，这意味着它的产品大多是用美元被购买走的。它们的上市公司也不在特拉维夫股票交易市场交易。尽管石油价格上涨，但高科技行业生产的是软件和微型的硬件，这些产品无需考虑高额的运输费用。因此，产品都能如期交货，开发项目也照样完成。在若干年后，以色列高科技行业对投资者的一个最大卖点也正是这点——即使是在这样的危急时刻，它也能按时交付。

尽管科技行业继续向前发展，其他经济领域则陷于停滞。经济阵痛引发了经济恐慌，而且看起来每天都有愤怒的抗议和示威。

在我竞选总理期间，我曾经要求一群经济专家——约拉姆·本-波拉斯（Yoram Ben-Porath）、安农·纽巴赫（Amnon Neubach）、迈克·布鲁诺（Michael Bruno）、埃坦·柏格拉丝（Eitan Berglas）、艾曼纽·沙龙

（Emmanuel Sharon）、哈伊姆·本-沙哈（Haim Ben-shahar）制订一个计划来帮助止血。我不是经济领域的专家，但我知道，如果我向我信任的人寻求建议，并且深入研究，我可以达到当选后我应具备的对经济问题的精通程度。以前，我当然也做过这些事情。

当我拿到专家的计划书时，我立即意识到，我面临的不仅是经济学的挑战，还有领导力的挑战。经济恢复到稳定状态的唯一道路必定会带来阵痛，虽然它不会平均地分摊，但整个经济层面都会感受得到。我被推到了互为冲突的利益之网的中心地带：工会成员理所当然地担心以色列工人要承担的后果；雇主们则担心，劳工党出身的总理会把经济的负担转嫁到他们头上；我的内阁同事虽然支持削减政府开支，但前提是不要削减他们自身的预算。

尽管这一计划的细节尚未最后决定，我已确信，我要达成的谈判不可能是渐进的或是零碎的，也不可能在多年辩论后实现。它必须是全面、戏剧性和迅速的——一场结构性的变革——一场真正的经济变革。我们需要的改革几乎不可能被通过，尤其适逢政局深度不稳定而国家正遭受危机的毁灭性打击。

前方的道路令人不安，以至于有朋友催促我辞去总理之职，因为他们担心，我会为一场非我造成但我也无力解决的灾难承担责任。"让沙米尔承担所有的后果。"他们催促我说。这些朋友本是好意，但是，我从不相信逃避风险是最好的行动计划。因此，我接受了挑战。我知道，我将在麻醉有限的情况下做场大手术。

一旦就职，我要求经济团队向我详细地介绍计划的进展情况。尽管在较为技术的细节方面他们还有一些不同的意见，但大家都基本同意这一做法。不过，意见一致并不意味着他们不感到担忧。他们的主要担心之一就是，任何重大结构性的改革都会对整个经济体系造成冲击，从而引发外国投资逃离以色列。而这样的资本外流会逐渐削弱我们制订的任何计划，不管这一计划有多么周全。我的团队解释说，唯一的解决方案是让美国（那时美国已接替法国成为我们最重要的同盟）向我们提供保护性贷款（umbrella loan），也就是在最坏情况发生时作为担保的一种外国援助。我假设我可以得到这笔贷款，要求经济团队为我进一步细化那些政策选项，然后让手下人立即准备去华盛顿特区的行程。

就职后不久，我在国务院见过国务卿乔治·舒尔茨（George Shultz）。陪我和舒尔茨见面的是受人尊敬的前白宫经济顾问赫布·斯坦（Herb Stein）。斯坦在舒尔茨的授意下花费了一年多的时间研究以色列经济危机的对策。麻省理工学院的货币政策专家斯坦利·菲舍尔（Stanley Fischer）也是这一研究的主导力量，不过他未能出席这一首次会议。我感谢了舒尔茨和斯坦，承认我们需要迅速采取行动，并向他们通报了我们自己的专家准备实施的计划。以色列经济学家已经估算出，我们将需要十五亿美元才能实施我们力求实现的经济维稳计划的部分内容。因此，当谈话转向这一议题，我很自然地率先提出四十亿贷款的要求。

斯坦仔细地听着我讲话，但没有表态。在答应提供贷款之前，他和菲舍尔还想帮我们重塑改革一揽子计划的细节。我承认这很有必要，同时提出成立一个由美国和以色列两国人员组成的特别行动小组，就像我们发起一个联合军事行动那样，只不过把将军换成经济学家。我认为，这是建立美国人对我们工作信心的最佳途径——而且这也有助于我们获取更多的专业知识。

华盛顿的会议结束后，我回到国内着手处理这场危机最具挑战的部分——让工人和雇主们同意并参与到计划的实施中来。这不是仅仅通过一个政治联盟就可以解决的事；它需要一个经济联盟。我召集了以色列总工会（Histadrut）（该工会既是个较为传统的工会组织，同时也是国内最大的一些商业企业的拥有者，与在以色列长期存在的社会主义取向相呼应）和雇主联合会的领导人以及本届政府最资深的经济学家、财政部部长伊扎克·墨代（Yitzhak Modai）参加会议。首次会议异常激烈。在政府官员向与会者简要通报我们正在研议中的计划时，房间里充满了反对之声。没有任何一方愿意接受这一无法逃避的现实：为了经济存活下去，所有人都要做出牺牲，而且代价将是高昂的。当听到我解释说，我们一直用补贴支撑工资、控制基本主食价格试图减轻经济上的阵痛，但阵痛不减反增，工会成员变得怒不可遏。

"这简直疯了。"我记得其中一人这么说，"经济正在崩溃，而你却想把工人脚底下的那块毯子抽走。我从未想到一个工党出身的总理会提出这么极端严厉的东西。"这一反应可以理解，我也从未想象过自己会处于这样的境地：需要撤回我自己如此坚信不疑的安全保障。但我知道，没有这样的削减，极度通货膨胀将会继续毁掉这些工人的生活，并且情况会越来越糟，看不到头。

在和雇主联合会讨论是否需要实行全国性的价格冻结时，双方的交锋也同样激烈。"这会使我们破产的！"一个人大叫起来，"你说的是拯救经济，而像那样的行动会毁掉它！"我再次理解他们的担忧，但我也知道，不采取这些措施就会带来经济困境。届时，将没有几个企业可以存活下去。

在接下来的几个月里，和以色列总工会、雇主联合会以及我们的经济团队的例会照常举行。我想确保大家充分了解我们的工作，他们对这场危机能有个从头到尾、清晰的了解，希望他们能最终得出和我同样的结论。我也想确保他们感觉到他们的担忧可以被倾听，把我视为一个可以信任的中间人、一个把他们和国家的利益摆在我头脑中最前方的人。在谈判的过程中，我提出了一些临时的一揽子计划来解决摆在桌面上最急迫的问题。这些计划的目的是给我们争取时间——

以及一座桥梁，通往我们需要的、更为激烈的结构性改革。但是，它们只不过是折中之计，能提供的救济既少又短暂。

随着时间的推移，很明显，的确有一条通往达成协议的道路存在——它以信任为条件。无论是雇主还是工会都不相信，政府会有勇气做出重大自我牺牲——即大幅削减政府各大部和部门的开支。他们都曾经听过我的那些部长同事谴责极度通货膨胀的后果，但当开始削减这些人自己的部门预算时，他们预料到会有强烈的反对。我意识到，如果政府无法证明自己有决心做出艰难而痛苦的决定，我们永远别想工会和雇主会做出同样的举动。我们需要首先行动。

在这些以建立信任为目的的会议的间隔，我返回华盛顿再次和美以两国的经济团队会面并且得到保证，我们将会得到维护经济稳定所需要的贷款。菲舍尔的回应基本上是乐观的，但也是有条件的。他递给我一张打印出来的清单——十条性质相当激进的结构和预算方面的改革——并且告诉我，以色列制定完清单上的最后一条措施，贷款才会到位。

我读完了清单，考虑了几分钟，然后把清单还给菲舍尔。

"好吧，"我平静地说，"我们接受所有这些条件。"

屋子里的人很吃惊，因为他们以为我会提出反对意见，然后很积极地交涉一番，正如我的本性使然。但我接受这些条件的理由非常简单。斯坦利·菲舍尔是位杰出的经济学家，我无法就他提出的每一条要求的成本和收益的优劣跟他进行辩论。我也信任美国人的团队。而且，清单里的大多数条件早已是以色列团队提出的计划中的一部分。此外，还有一个战略考量：通过对我施加压力，美国人实际上也减轻了我们在国内面临的一些压力。我预料，这个计划如果作为美国人而非以色列人自己的要求提出来，那我在跟企业和工会谈判时，这一计划或许更容易被接受。理由很简单，因为企业和工会都需要美国人的担保,那么就必须满足美国人的要求。

一九八五年六月的第一周,我返回耶路撒冷,并把我们自己的经济学家团队召集到我家开会。我想向他们简要介绍一下我和菲舍尔的谈话,讨论一下不断恶化的现状。随后的讨论一直持续到次日凌晨,最终围绕着一套基本的原则汇集起来。当会议最终结束时,我授意参会人员成立一个工作小组,将我们的谈话内容转化成行动计划。

"本月底,我打算带给内阁一个计划,"我宣布说,"我们没有时间浪费。"

在接下来的三个星期内,我们的工作小组马不停蹄地开会,最终确定了计划的条款,并把它们细化为可以转化为法律条款的精准专业术语。最后,我们润色、完善了这一激动人心的经济维稳计划。首先,我们将使谢克尔贬值、削减政府对基本商品的七点五亿元补贴并且临时性冻结工资的增长。我们预计,这将导致物价急剧攀升,然后我们再提出最终的全面价格冻结与之抗衡。其次,我们将在政府各部大规模削减开支。第三,我们将出台一个新的、更有约束性的货币政策以防这样的通货膨胀再次发生。计划的内容和涉及范围都引人注目——尽管人们对它是否会奏效十分焦虑不安,但我们相信,我们会找到正确的平衡点。我们认为它有望成功。

六月二十八日周五上午,工作小组正式向我提交了计划。鉴于他们优秀确实也是劳碌的工作,还有孜孜不倦为国服务的精神,我向他们表示了感谢。

"我打算周日就向内阁提交这一计划。"我告诉他们,"而且我向你们保证,除了完全通过,我不接受其他任何的结果。"

特别内阁会议在极度紧张的气氛之下举行。在通过这一计划之前,我们不得不削减数亿美元的开支。我发誓将亲自挥刀、审查每一项超过十万美元的预算,即使是最小的开销也要经过讨论才能确定。

这样做，我既能保证我们做得足够彻底，也能保护内阁中的其他人免受可能出现的一些批评。

至于维稳计划本身，看起来我们会获得多数人的支持。在起草这一计划过程中一直十分合作、同时助力良多的墨代支持这一计划，外交部部长沙米尔、交通部部长哈伊姆·科孚（Haim Corfu）也表示支持。如果在削减开支的过程中我也能留住他们，计划就有可能获胜。但是，其余的部长们则怀疑计划成功的可能性，他们宁愿继续就危机发表演讲，也不愿投下富有争议的一票并接受投票结果。相反，他们郑重宣布要阻挠投票——公然扼杀这一计划。因为冥顽不化，他们并没有领会到我为此而战的意愿有多么强烈。"先生们，我们要开一个漫长的会议。明天早上，我们将产生一个经济计划，"我命令道，"否则我将辞职，政府也将不复存在。"

我一个接着一个通过了每个部门的预算，大声喊出那些有待削减的项目。每当有人提出反对意见，我就引导这些不满意的人阅读一遍计划的细则作为回应。我让每个人发言，不管他们的讲话有多么冗长或是恶意。会议一直持续到晚上，直至次日凌晨时分。一些部长抱怨疲累。我则这样反驳他们的抱怨："以色列的部长不该睡觉。"我告诉他们："在战时，我们整晚整晚地辩论；保持清醒是一个部长的责任。"当然，不是每个人都听我的。会上某个时刻，当我们正在削减一项特别的部门预算时，却发现该部的部长居然在打瞌睡，而且呼噜正酣。

黎明来临时，预算削减工作已经完成，绝大多数部长都对该计划表示支持。剩下的就等是否有人出来阻挠，并证明给那些呼声渐弱的反对者看，不投票的话我就不结束会议。最终，在会议开始二十四小时之后，反对派们放弃了阻挠这一计划，我得以宣布投票。十五名部长投票支持这一计划，七人反对，三人弃权。

离开会议时，我的心中既有一种成就感，又有一种谨慎的担忧。

尽管在和对手的交锋中，我一再保证这一计划将会奏效，但我其实对此并无把握；而且，我也害怕，如果计划失败我们将束手无策。我更不知道，政府共同做出牺牲的意愿是否足以使工会支持这一计划。

很快，我就有了答案。一九八五年七月一日上午，我们发布了一份声明，描述了我们刚刚通过的这一计划。我还准备在那天稍晚时候发表一个演讲。我知道，以色列人民希望从他们的总理那里听到这些：他们需要理解我们做的事情、为什么做以及这会如何引导他们走出黑暗。那天下午，当我来到电视台、坐下来面对摄像机、准备向全国做现场直播前，我又温习了一遍我的演说词。但在我讲话之前，演播室里的技师们一起起身，然后离开了现场。

我的一位顾问赶紧过来解释。"这是什么意思？"我问道，面对一片混乱，以及这些人对总理一职缺乏应有的尊敬，我沮丧之极。"以色列总工会已经罢工了，"她告诉我，"他们打了一个电话，让每个人都离开。他们不想让人们听你讲话。"

意识到还有重任在身，我把沮丧暂搁一边。没有以色列总工会的合作，维稳计划注定要失败。我需要劝他们和缓下来。

接下来的两周，我和以色列总工会谈判。我尽可能诚实并且开放地向他们展示，尽管这一计划在短期内可能会带来痛苦，但它是为了我们的下一代拯救以色列经济的唯一选择。他们央求我想办法来补偿工人，这样，我们就可以遏制随之而来的经济上的冲击。而我则不得不一次次地提醒他们，这么做只能重新开始通货膨胀的致命漩涡。最后，我们达成协议：工会同意暂缓罢工，并且勉强接受这一计划；而我则许诺，一旦经济稳定下来，我将尽我所能帮助提高工人的生活水平。

不到一个月的时间，我们的劳动果实已经显现。一九八五年八月，通货膨胀率下降至惊人的百分之二点五。同年年底，它已稳定在了百分之一点五，而且随着时间的推移继续下降。失业率上升了百分之一多一点点，远远低于我们担心的大幅增长。最终，作为一种新颖并且可以在全世界复制的对应黑暗和艰难危机的方法，这一计划在全球受到追捧，变成报纸争相报道以及顶级学府的演讲主题。

* * *

经济复苏的速度给了我空间喘息，并思考国家关键的下一步将何去何从。我们拯救了经济，但从某种意义而言，我们也正在和过去的经济说再见。作为立国之本的原有的框架已经不再可行。我们必须向资本主义，即先接受然后掌握私有市场的方法迈出我们的第一步。但是，尽管从头开始，我们并非始于一无所有，而且远非如此。我们拥有由出色的大学和研究机构支撑的强大高科技产业。我们是世界上受教育程度最高的人群之一，其中还有成千上万名具有过人天赋和雄心的工程师。以色列全民都须在国防军中服兵役，青年男女都知道问题和命令一样重要，知道无论自己是什么地位和头衔，他们都必须解释自己参军的意图和目的。而且当然，我们还有我们无所畏惧（chutzpah）的文化，为我们赢得了冒险者国度的美名。

现在，我们需要的是在私有行业培养这些优势。我们需要企业家做好准备，将他们的想法转化为新兴企业；风险资本家准备好投资他们的想法，同时为他们提供支持和指导；还有跨国技术公司利用以色列作为一个重要枢纽，向我们的工人提供培训、供应链和合作。

首先，我们必须把工程师从他们在政府里扮演的角色中解放出来，创建一个人才储备库，使新兴企业可以从中雇用人才；给那些幻想家机会，让他们可以开创一些属于自己的东西。那项工作的开始方式，令很多人始料不及——因为我决定终止一个我亲手扶植起来的项目,而这个项目一直是我心目中一个大胆而崇高的梦想。

六日战争之后,我们一直以来的主要军事装备供应商法国已拒绝帮助我们。一直捍卫以法关系的夏尔·戴高乐突然发现,我们阻碍了他实现更广阔的战略。为了改善和阿拉伯世界的关系,戴高乐以一九六七年的战争为由对以色列实施了临时性武器禁运,并以此举向他的新贸易伙伴证明了他的承诺。与此同时,英国也取消了向以色列销售坦克的一份协议。我们无法直接更换我们受损的战斗机,那些仍在正常运转的战斗机也没有多余的零件可用,并且也没有确定的方法来补充和供应前线的战斗装备。美国则加紧填补这一空白,但在其后的赎罪日战争期间,美国提供的补给莫名其妙地被延迟了,这给了我们担心的缘由。很明显,依靠外国政府提供安全援助,我们有可能会受制于外国政治潮流的变化。

一九七四年我担任国防部部长时,解决这一困境成为我优先考虑的问题。我认为,以色列到了对我们自己军事装备进行投资的时候,而且这一投资要比我们曾经做过的任何事都要大几倍。一九八〇年,我们宣布了这一计划的核心——叫做Lavi(在希伯来文中是狮子之意)的远程进攻战斗机。这架战斗机的设计用途多得难以置信,可以在负重的情况下,高速飞行很远的距离,而且是由当今最先进的软件系统操纵的。Lavi项目几乎即刻捕获了以色列人民的想象力,被视为我们大胆行动的一个闪耀例证,证明小国如我们,仍然可以和世界上最大的经济强国竞争。

但是,它的结局却不如这般闪耀。Lavi项目将成为经济崩溃的受害者,成为与新的经济秩序不合拍的东西。除了其他方面的预算削减,稳定经济也要求大规模削减国防开支。尽管我们的技术有能力去制造这架飞机,我们不再有预算投入它的发展。结束这一项目对我个人是困难的,这架飞机已经在我的想象中飞行了如此多次。但从失败之中，我可以看到机遇。Lavi 项目代表了过去的经济——一种由上至下、政府控制的运行模式。取消这一项目不仅会向全世界的市场发出一个关键信号，即我们的转型是严肃的，同时也可以腾出大批可供雇佣的专家，落户到私营企业或是开始创建新兴企业。在我提出法案终结这一项目时，曾引发激烈的辩论和极大的震动，因为在所有人中是我叫停了这一项目。但我知道，我所做的是正确之举。当 Lavi 项目被正式取消时，我投下了决定性的一票。

接下来，我们需要建立一个风险投资体系。风险投资公司提供的不仅是资金，他们还会提供一系列的指导：比如如何管理公司、如何扩大公司的规模和提升发展速度以及如何向世界销售产品。尽管以色列在开发新产品方面历史悠久，我们的企业家却不曾接受过这种指导。

当时，以色列的公司只能从两种途径获得风险投资。第一种是由首席科学家办公室（Office of the Chief Scientist）管理的政府经费匹配项目。尽管这一项目本意很好，但却永远不能向新公司提供足够的成长资金。第二种是一个类似的项目，叫做两国工业研究和发展基金（Binational Industrial Research and Development Foundation，又称 BIRD 基金会）。这是由美国和以色列两国于一九七七年成立的联合基金。这些基金同样也是不太大的，但是所起的作用对我们至关重要：它们使以色列公司可以和美国合作方密切合作——在这样的合资企业中，以色列人可以投资突破性的发明创造，而美国人投资市场和销售。但很明显，如果没有繁荣的民营创投业，以色列不会有多少家新兴公司会成功，这也意味着不会积累起太多的经济利益。创造民营创投业需要两件事：从内部努力，形成来自本土的激励；从外部努力，使外来投资涌入国内。

来自内部的努力集中于一个简单的原则：要吸引风险投资来以

色列，就得把以色列变成一个对投资特别有吸引力的地方。我们不得不改变眼下的情况。因此，我们设计了两个项目——一个叫做Yozma（意为"计划"），另外一个叫做Inbal（意为"钟舌"）。它们在设计上截然不同，但有着相似的总体目标：政府将承担投资的大多数风险，而将回报让给投资者。在二十世纪九十年代早期，这些项目点燃了创业的热情，带来了大规模风险投资的第一次浪潮。

当然，创造出这一机制只是解决了部分问题。其他的方式是寻找真正的投资者。这无异于大规模的外交工作，这是我热切拥护了数十年的行动。我把为以色列吸引外国投资当作是我的职责、我的义务。当我在美国旅行时，我迫切地告诉犹太移民他们向以色列初创公司投资的时候到了，我们的经济永久地转型取决于他们，也取决于我们所有人。为达成经济合作，作为外交部部长的我在世界范围内建立外交关系。当我在欧洲会见领导人时，我敦促他们将以色列的国家风险投资计划和欧洲实行的政府支持融资机制联系起来。对于那些有可能引进以色列技术到国内市场的外国领导人，我也都会和他们谈话。当我和成百上千的大公司领导见面时，我用以色列的奇迹故事激发他们的兴趣，努力改变他们对以色列的认知——从仅是沙漠中的一小块陆地变为一个拥有尖端技术的强大集团。渐渐地，这一策略奏效了。世界上最受人重视的风险基金开始在以色列开设办公室。以色列人也开始建立了十几个自己的风险基金。我不用再说服任何人以色列的技术行业有多伟大（当然这并没能阻止我继续讲述这个故事）。以色列的经济声誉最终可以和它的科学实力相匹配了。

* * *

然而，尽管我们取得了成功，停滞不动并不是一种选择。现在可以提出新的论点了：不是以色列是否是高科技的领导者，而是它应该把世界引向何方。

我认识到，创新不是一个可以终结的使命，而是一个永远不会完结的事业。我们已经建立了一个机制，可使投资者纷至沓来、期盼得到开创性的技术。为保证他们不断涌入，我们不得不永远立于科学的最前沿。正如我经常所说的那样，拥有最新技术还不够，我们必须拥有明天的技术。

因此，就像我第一次发现计算机，并且开始思考它的军事用途那样，我再次转向以色列的研究实验室：和科学家开无数次会议，阅读期刊和工作论文，研究最新的发展，希望从中找到可以让以色列独树一帜的好点子。

正是通过这一过程，我首次了解到一个新兴的研究领域，它通过在分子水平上操控材料，来聚集拥有原子精确性的技术。它叫做纳米技术。它超过了我过去可以想象到的任何东西。刚开始时，科学家的研究对象是大小只有一纳米的物质，十万个这一尺寸的东西都可以舒适地立于人的一根毛发之上。更为特别的是，通过在分子水平上的研究工作，科学家们可以研发出真正自我组装的物质，正如分子在自然界、在我们周围创造物质那样——比如根据生物学的编码和体系，种子可以变成花朵。

纳米技术不是摧毁性的，而是建设性的——重新排列原子去制造新的物质和新的能量存储及产生方式。它令我想到以色列——在如此之小的东西之中却蕴藏着不可思议的力量。

而且，尽管这一科学才刚刚出现，它的含义却是巨大的。纳米技术可以让我们掌握每一种物质，如我们所愿来组成它的特性：我们可以造出比空气更稀薄、比铁更坚硬、比羽毛更轻的东西。它有可能使计算机像大头针的针尖那样大小；可以使机器人小到可以在身体里旅行,然后进攻那些癌细胞;它可以使防弹衣比钢铁坚固许多倍,但重量却不超过一个塑料袋。它相当于灯泡和晶体管:是一种可以成为它自身所在行业的基础,同时令其他每一个行业转型的新技术。我相信,我正目睹自己这一生中见到的最重要的科技革命的序幕。

这就是未来。本-古里安曾经告诉我,政府应该为存在的每件事负责,而我则为每件不存在的事情负责。在经过更多的阅读、研究以及和专家对话后,我决定,以色列必须成为纳米技术发展的世界领跑者。正是在这里,在技术最微小之处,我可以看到那些最伟大的梦想:以色列变成下一场科学革命的中心,在全世界不可或缺。

我立即召集了我的团队探讨需要做些什么。我们已经拥有什么?我们还缺少些什么?还需要些什么来展开这项工作?

我们所知道的令人担忧。第二年,世界各国政府在纳米技术研究上投资预计超过六十亿美元,而私营公司预计也会花费相似的数额。我们没有时间可以浪费。二〇〇二年的春天,我站在议会,做了一场最为慷慨激昂的演讲,我谈到纳米技术的魔力,它的科学潜力,它能够产生的繁荣以及左顾右盼不及时行动会带来的风险。

“为了吸引大批合格的科学家,我们将需要合格的团队、优秀的学生、更好的基础设施和实验室,以及项目之间更好的协作……新的资金来源,以及行业和学术界更好的合作。”我补充道,同样重要的是,我们需要“在公众的意识中加强宣传发展纳米技术带来的种种机遇”。这是以色列的登月计划——不是进入外太空,而是进入内部空间、原子之中和原子之间的空间。我发誓要用所有的能量来完成这一使命。

那年稍晚时候,我们发起了以色列国家纳米技术行动计划(Israel National Nanotechnology Initiative,又称为INNI),要求它为以色列在纳米技术领域全球领先创造一个引擎。按照指示,INNI将和世界各地的纳米技术相关方面接触,从科学家到商业领袖再到风险投资人;在以色列建立融资优先项目，同时着眼于更快地将科学带入商业阶段；帮助开发和制造成功所需的一流的基础设施——制造设施、研究中心和设备；鼓励大学和商界合作、分享研究和创意；最终去筹集资金。我们的估算显示，以色列在未来五年将需要三亿美元的投资来完成我们的使命，而且我们希望INNI可以筹集到大部分金额。

多年来，我变成了纳米技术的传道者——一个沉迷于技术的耄耋老人。我敦促研究者展开新的工作，满怀热情地跟投资者、捐赠者、企业家谈论我可以看到的种种可能性。在二〇〇六年第二次黎巴嫩战争期间，当看到恐怖分子从黎巴嫩的民用建筑（包括清真寺和医院）向以色列的民用目标开火后，我受到启发，启动了一个被称为"智慧之珠"（Pearls of Wisdom）的项目，将纳米方面的突破运用到我们新战争年代的国防中来。二〇〇七年我成为总统时，继续提升人们对这一行业重要性的认识，敦促商界和学术界加强合作和伙伴关系；努力使更多的想法走出实验室、进入现实领域。没过多久，在和以色列的研究者谈论大脑科学的潜力时我又发现了灵感。正如纳米技术一样，我被这个想法所感动：单一领域的研究可以给如此多不同的领域带来革命性的变化，通过破译大脑的奥秘，我们可以从根本上改变医学、教育和计算机。因此，在二〇一二年，我帮助发起了一项新的计划——以色列大脑技术（Israel Brain Technologies），向在这一领域做出非凡突破的个人（或团队）奖励一百万美元。

离开公职后，我并没有停止在技术领域的工作，而是和我的继任者鲁文·里夫林（Reuven Rivlin）、总理内塔尼亚胡共同宣布成立了以色列创新中心（Israeli Innovation Center）。它的目标就是激发起每个孩子的想象力；赋予下一代力量建造一个更美好的世界；并且向他们展示，在如此之短的时间内，一个民族可以走出多远。

实际上，二〇一六年，每六千个以色列的初创公司中，就有九十个公司在纳斯达克交易,这些公司的市值超过四百亿美元。二〇一四年,就在纳斯达克交易所上市的外国企业数量而言,以色列企业的数量仅次于中国;特拉维夫拥有世界排名第二的创业生态系统,仅排在硅谷之后。同一年,以色列的布隆伯格创新指数(Bloomberg Innovation Index)从排名第三十位一跃成为排名第五位,击败了美国和英国等其他国家。以色列的高科技公司仍然可以每年获得数十亿美元的投资。

当然,科技行业不仅仅带来了高速增长,它还推动了一场科学革命,科学的突破在全世界范围内回响。谁想象得到,全世界都在使用以色列发明的USB驱动器,或是医生可以通过以色列人发明的、比药丸大不了多少的摄像机观察病人的身体内部?谁又会想到,全世界将会依靠以色列的GPS导航技术,或是以色列的硬件和软件来拯救司机免受致命撞车?谁会相信,治疗帕金森症和多发性硬化症的药物已经在这里研发,或是瘫痪在床的病人利用以色列发明的机械腿有可能重获走路的能力?本-古里安曾经说过,在以色列,"要想成为一个现实主义者,你必须相信奇迹"。在科学、技术和人类创造性的各个领域获得如此非凡的成就之后,我们怎能不成为奇迹的信徒、怎能不忠实于创造奇迹的想象力并且致力于将这些奇迹变为现实呢?本-古里安是正确的:以色列的现实主义就是将不可能变为现实。

第六章
追求和平

二十世纪早期，第一次世界大战行将结束之时，美国总统伍德罗·威尔逊（Woodrow Wilson）为世界提出了一个和平解决方案，后来被称为"威尔逊十四点原则"（Wilson's Fourteen Points）。听到这十四点原则，满腹怀疑的法国总理乔治·克列孟梭（Georges Clemenceau）据说这样回应："即使是上帝也只有十诫。"因为我一生中的大部分时间都花在追求和平上，因此我知道克列孟梭在那一刻没有完全体会到的东西：和平并非是简单之物，它需要不断努力，但它的复杂性不应掩盖其目的。

以色列是一个小岛，在其短暂的历史中，它一直被敌人的海洋所环绕。我们打过的仗是强加给我们的。不管我们的敌人曾经如何希望（并且仍然这样希望），我们总体上是胜利的一方，但我们尚未赢得我们所渴望的胜利：不再有赢得胜利的需要。事实上，尽管我们已经证明，侵略者并不必然会成为胜利者，我们也同时知道，胜利者并不一定会赢得和平——我们的工作还未完成。

在我还是孩童的时候，我问我的祖父，人们应该牢记哪一节经文。他于是给我背诵了《诗篇》第三十四篇："你们中间谁爱生命，爱慕长寿、得享美福，就要禁止舌头出恶言，嘴唇不说诡诈的话。寻求和睦，一心追赶。"①因此我牢记心中，而且我们也必须如此。我将自己的一生首先用于确保以色列的安全：为保护她免遭摧毁的威胁，我努力建成了世界上最强大的国防军，震慑敌人、让他们相信我们坚不可摧。当以色列弱小的时候，我努力让其变得强悍。一旦她变得强大，我又将精力投入和平。毕竟，和平是我们心中最真实的渴望，然而，追求和平不应仅仅基于政治和经济的考量，而应出于道义和历史的必要。正如本-古里安常说的那样，道义的优势也是力量的源泉。

犹太民族一直以修缮世界（tikkun olam，指改善世界而非仅仅改善自身的壮志）作为指导生活的原则。我们流亡了两千年，没有土地，没有独立，把我们凝聚在一起的不是边境，而是这套通过希伯来文、意第绪语、拉迪诺语——用犹太人散居的每个国家的每种语言——回荡在整个历史的简单价值观。它是我们身份的基础。而且，正是从这一道德准则，我们深刻地知道，以色列不是生来统治其他人的，而且这么做与我们的传统背道而驰。因此，我全身心地追求和平，同时清醒而乐观地知道，达成和平是我们最首要的任务。以色列的领土很小，但是，它必须是个正义、伟大的国家。

一九八四年我担任总理时，和平成为了我最首要的任务。就职的前四个月里，我实施了从黎巴嫩撤军的计划，以色列之前在那里进行的战争不仅具有误导性，而且毫无成果。但是，以色列面临的经济紧急状况占据了我工作的大部分时间。当我们从金融和财政灾难中挽救出国家，我们的联合政府已经到了轮换的时候。尽管党内许多人都坚持认为，我不应信守对伊扎克·沙米尔的诺言，但我一直是个信守诺言的人。因此，当这一时刻来临，我做了承诺要做的事情，退而担任外交部部长，将总理办公室让给了沙米尔。作为外交部部长，我仍然致

---

① 引文出自《圣经》（和合本）。

力于和平，仍然愿意追求和平。但是，在没有总理的支持下追寻和平，我的首次重大行动很快就面临了失败。

* * *

那是一九八七年。时值以色列总理梅纳赫姆·贝京和埃及总统安瓦尔·萨达特签署《戴维营协议》的第九个年头。此前，几乎没几个人相信《戴维营协议》会成为可能。在经过和埃及人的三场战争之后，在经过了近四十年的不断冲突、在流过如此多的鲜血、在如此深的敌意变得不可化解之后，人们认为追求和平简直是不可想象的幼稚。而正是在赎罪日战争结束四年之后，萨达特访问了以色列，这一突破以双方达成和平及伙伴关系圆满告终，双方签署了一份协议并一直维持至今。

正是从那个和平的巨大胜利中，我深受启发——与约旦人和巴勒斯坦人共同寻求和平，进而结束和邻国的另一场致命冲突。那时，我曾预想过一个非两国方案的计划，那是一个我称为"三方解决方案"的计划，因为它包含了三个自治的地区：以色列国、约旦王国以及一个位于约旦河西岸的巴勒斯坦人的联合体，联合体拥有自己的议会来管理当地事务。在全国性的事务中，巴勒斯坦人也将拥有投票权，至于是在以色列的选举中还是在约旦人的选举中则将取决于各自的国籍。

我的第一个提议是复杂的。我们和约旦没有外交关系，越过边境和约旦人接触，无论对个人而言还是外交方面都违反法律。我们的整个东部边境都和约旦边境接壤，这使以色列异常脆弱。约旦人的好战是我们一直关注的问题，也是追求和平的一大威胁。我相信，不管会有怎样的风云变幻，是时候展开这方面的工作了。

因此，我尽己所能立刻投入工作，试图制定一个可以立即开启对话的策略。我决定，首先要做的是给一位知名的伦敦律师维克多·米什肯（Victor Mishcon）打个电话。米什肯是我的朋友，也是以色列的朋友，他同时也是约旦国王侯赛因的朋友。

"你能试着安排侯赛因国王和我在伦敦会面吗？"我厚着脸皮问他，电话那头停顿了好长时间，"我很乐意试试看，"他说，"不过我不想让你抱太高的期望。他同意的话，我反倒会吃惊。"

"和平一直都是要冒险的。"我回答，"但是那不意味着我们不应尝试。"

几天后，我接到了米什肯的电话，他急切得几乎无法控制自己的情绪。"西蒙，侯赛因国王同意了。"他大声说，"我建议你们在我伦敦的家里吃午餐，他急于和你谈谈。"

"我很高兴听你这么说，还有你做东考虑得这么周到，"我回答说，"我们即将步入一个难得一见的现实，也许是一个更难得的机会。"

一九八七年，我将总理一职让给伊扎克·沙米尔，这也是我们之前达成的联合执政政府协议的一部分。尽管我是外交部部长，对在和约旦会谈这样敏感而机密的事情上拥有宽泛的权力，外交礼仪还是要求我首先得到沙米尔的许可。当我向他提出这一会见计划时，他没有反对——尽管这并非出于他对追求和平感兴趣。相反，他相信，任何这样的尝试都会无功而返，而且证明他判断正确也没什么害处。

在外交部主任约西·贝林（Yossi Beilin）及一位资深代表的陪同下，我于一九八七年四月抵达伦敦。在米什肯美丽的家中，侯赛因国王和约旦首相宰伊德·里法伊（Zaid Rifai）迎接了我们。这是一个梦幻般的时刻，在这样一个不起眼的环境里和不共戴天的敌人握手。而这其中也蕴藏着力量——这股力量提醒着我们，一些不同寻常的事情可能会发生。出于保密的原因，维克多的妻子要求员工离开，自己一人承担起招待我们的任务，从头开始烹饪了一顿丰盛的美餐，还亲自上菜。

从一开始，里法伊看起来就不愿意加入任何有关和平的讨论——甚至不愿意和坐在桌子对面的犹太人一同进餐。很明显，他在那里不是出于自愿，而是出于他对国王应尽的责任。侯赛因则正好相反，从我们到达的那一刻起就热情而奔放。他的声音和肢体语言中饱含激情。我激动地看到一个带着乐观和希望放眼未来的男人。

我们坐在桌子旁，面对着米什肯夫人准备的一桌精美午餐，国王和我用英语交谈，就像新结识的朋友，而非敌人。我们在对方身上看到了一种类似的渴望，即发展一种不同以往的关系；我们同意，该结束一直困扰两国的冲突了。我初到伦敦时，并没有预计会有这样的反应——它原本只是一次初步序曲，一次去探究和平是否最终可能的机会。但当谈话继续，越来越明朗的是，我们有机会采取比我预想的更为具体的措施，而且就在当天。当黄昏降临在雾霭蒙蒙的伦敦，侯赛因和我已经从笼统的问题探讨到具体的细节，而里法伊一直在那里生闷气。当午餐结束，米什肯夫人走进来清理餐盘。

"让佩雷斯先生和我来洗盘子吧，"侯赛因说，"你已经做得够多的了。"

"是啊，这是个很棒的主意，"我补充道，"索尼娅做饭的时候，我也是负责洗盘子的。"

在米什肯夫人回应之前，我都已经开始想象那个画面：两个宿敌像朋友那样肩并肩站在一起，以色列外交部部长负责刷盘子，约旦国王负责擦干盘子。虽然这是个做简单家务活儿的邀约，然而它是如此的亲密、有意义和谦逊。不过，米什肯夫人不给我们机会，打断了我们。

"绝对不可以，绅士们，"她坚决地说，"那样我会尴尬的，而且你们还有工作要做。"

出于尊敬，我们不再坚持，重新回到之前的谈话。我建议召开一个非约束性的会议来谈判，一组代表团来自以色列，另一组代表约旦人和巴勒斯坦人。侯赛因同意了。

"这是对我的一个神圣的挑战，一个宗教的责任。"他说。那一时刻，我突然看到了一条直线，从我们已经进行的非正式会谈笔直通往签署和平协议——而且我相信，我准确地知道该如何达到那头。是时候升级我们之间的对话了。

"那样的话，为什么我们不试着根据这些讨论一起写下一份协议呢？"我回答说。

"我必须去赴另外一个约会，"侯赛因回答，"但我可以在一小时内回来。"与此同时，他建议，我们应该起草两份文件：一份描述和谈会议的后勤事宜，另一份阐明两国之间协议的原则。约旦国王和首相一走，我们立即投入工作。我口述两份文件，我的助手飞快地打字记录。侯赛因和里法伊回来时，两份文件的初稿已经就绪、有待讨论了。

约旦人看完文件后，里法伊开始列出他想做的一些改动，但是侯赛因几乎立即制止了他。"这些草稿反映了我们讨论的协议内容，"他说，"我同意往下走。"无可否认，我完全被吓了一跳：我们提出的协议对以色列相当公平。它不仅创造了一条和约旦人讲和的道路，也在以色列无需放弃任何领土或是改变耶路撒冷状态的前提下解决了巴勒斯坦问题。

这项协议和当时的秩序形成了鲜明对比：当时的约旦是个危险的敌人，只对战争而非和平感兴趣。而我们取得了这样的进展令人喜悦。它发生的速度令人难以想象。仅在一天时间内，便抵过数年，仿佛我们已经迈出了向前的步伐，来终结持续了数十年的冲突。

就像《戴维营协议》一样，我们认为，由美国人以自己的名义提出这份协议将有助于协议的实施，这会让各方同意照办而无须对外公布协议诞生背后的秘密谈判。于是，我们准备把协议发给美国国务卿舒尔茨，再要求他交还给我们。

当晚我飞回国内，心中洋溢着喜悦。三十年来，我们从未以如此之少的让步实现和平。

我一落地就给沙米尔打了电话，我们约定在每周内阁会议后单独见面。当我们坐在一起时，我描述了前一天发生的看起来不太真实的经历，我把和约旦国王及首相的会谈内容，以及我们已经形成的文件详细地讲给他听。我读了一份文件，希望也带给他同样的欣喜。但是，他安静地坐着，似乎不为所动。他让我给他再读一遍文件，我也照办了。然而，他的脸上还是没有表情。他应该是没有预料到这样的突破，而我也突然想到，从刚开始的时候，他就并不想要这样。他同意这场对话是因为他相信它注定会失败，而我这个梦想家、一个异想天开的人是执行这项工作的最佳工具。

进行和平谈判就像成为一个飞行员。因为担心他的安全，他的母亲希望他飞得低点、慢点，但飞得低、飞得慢正是飞机从天上掉下来的原因。为了达成和平，飞行员必须飞得高、飞得快；这是避免坠机的唯一方法。从过去数十年的经历中，我知道两者的不同后果。现在，我担心，沙米尔其实一直就想让我的努力打水漂。

沙米尔要我把两份文件留给他，但我对这么做充满疑虑。文件的内容一旦泄露，将会破坏这一协议。另外，我告诉他，总理最好是从美国人的手上收到文件的草稿，这样可以强调我们考虑的是美国抛来的议案，而非我们自己的。不过，不管是这个提议，还是我们谈话的任何一部分总理仿佛都没有接受。我离开时，胃里就像打了个结。我想知道，和他谈话是否真的可能是白费工夫？几个月前才担任总理的这个男人是否准备扼杀这一协议？

答案带有悲剧色彩，因为他的确如此。在未咨询我的情况下，沙米尔派出部长摩西·阿伦斯（Moshe Arens）到华盛顿与舒尔茨会面。阿伦斯还向后者解释，如果美国提出这一文件草案，沙米尔将视这一行为是对以色列地缘政治事务不适当的干涉。听到这话，舒尔茨认为，已经没有什么好的理由提出这一协议。如果沙米尔确定要折断一根大树枝，为何还要刻意攀援其上呢？

　　事后我才得知这一会面和它的结果。这无异于一巴掌打在我的脸上。对于我所爱的国家而言，也是一拳打在肚子上。本-古里安已经去世将近十五年了，可是我从来没有像现在这样想念他。他一定会欣然接受这一突破，而沙米尔却要在它有机会自主呼吸之前扼杀它。为拯救这一协议，我做了最后一次尝试，请求舒尔茨再次考虑一下。但是，即便是舒尔茨对它抱着开放态度，侯赛因却关闭了大门。沙米尔此举令我深感失望，而侯赛因国王则感到深深的背叛。他曾经为这一协议冒了很大的风险，却没有收到回报。他已经没有兴趣重启对话。众所周知的"伦敦协议"宣告终结。对以色列国、对我们及邻国寻求和平和合作的努力而言，这是多么摧毁性的打击。

　　接下来的五年对以色列和巴勒斯坦人是艰难的。除了漫不经心地参加了一个在马德里召开的国际会议，沙米尔和他的利库德政党对推进和平进程毫无作为。与此同时，被称为第一次巴勒斯坦起义（the first intifada）的暴力起义在西岸和加沙地区爆发，留下的是溅满鲜血的街道以及饱受恐惧和挫折折磨的国家。本可以成为杰作的"伦敦协议"被暴力的丑陋和战争的创伤所代替。然而我们依然锲而不舍，因为领导者必须如此，我们知道没有门会永远关闭，知道通过共同的努力，即使是最厚重的门也会被撬开。

　　一九九二年，这些努力终于开花结果。利库德集团被推翻，劳工党再次执政。伊扎克·拉宾和我在跨党派的总理竞选中相遇。我们知道选举结果将不分上下，因此我们在投票前见了面，并且达成了一个协议：无论谁当选总理，都将任命另外一人为外交部部长。当然，我们两人曾是政治上的对手，但是我们都相信对方的领导能力，相信我们并肩工作会带来的价值。我们就像两个伟大的拳击手、两个争执不断的盟军，尽管我们经常意见相左，但对彼此抱有极大的敬意。拉宾思考问题细致入微，密切关注眼前的细节。而我的头脑则倾向于更高的地方、着眼于地平线及更远的地方。我们有很多不同，但是在使对方更强大、更聪明、更智慧方面，我们如出一辙。很快，竞争变成了合作关系。

选票计票结束后，拉宾以微弱优势获胜。我很难不失望，但是引发我更多关注的是工作而非职位。虽然逃避自我很难，但是我从他人身上看到，最大的成就是认识到手中的任务远比职位来得重要。选举结束后，我走向拉宾向他祝贺，表示愿意成为他未来工作中的一个真正伙伴。我告诉他："如果你为和平而工作，你不会得到比我更忠诚的朋友了。"我警告说："但是如果你拒绝和平，你不会得到比我更糟糕的敌人了。"我解释道，我相信我们已经迎来一个独特的时刻。一九九一年苏联的解体已经彻底地改变了世界的秩序，极大地改变了中东的形势。我们国家自存在以来，我们的阿拉伯邻邦可以不受限制地从苏联得到军事和政治上的支持。随着苏联解体，他们突然两者尽失，这一地区的格局也随之改变。

与此同时，随着伊拉克入侵科威特，一个包括阿拉伯国家在内的国际联盟已经拿起武器反对萨达姆·侯赛因，阿拉伯世界的联合开始分崩离析。和平的进展呈现出崭新和充满希望的特性。但是，因为"约旦选择"已经不在考虑之列，我们不得不面对一个难题：以色列应该和谁谈判呢？

巴勒斯坦解放组织（Palestine Liberation Organization）当然是个选择，但也是一个充满争议的选择。成立于一九六四年的这一组织由多个恐怖组织结集而成,这些组织都曾宣布并不断延续着针对以色列平民和士兵的恐怖暴力行动,希望最终摧毁以色列。三十多年间,巴解组织从它们在西岸、加沙、黎巴嫩、约旦、叙利亚的基地不断发起进攻,不分青红皂白地瞄准那些远离战场的无辜百姓。一九七〇年,他们袭击了一辆校车,杀死了九名儿童;四年之后,他们又占领了一所学校,屠杀了二十七名学生和成年人。在劫持飞机、饭店里的人质对峙中都出现过他们的身影,一九七二年,他们在慕尼黑残忍地杀害了十一名以色列奥运会运动员。在一九八七年第一次巴勒斯坦起义中,巴解组织在组织和鼓动流血事件中扮演了领导的角色。然而,尽管看似无尽的暴力,巴解组织仍然是巴勒斯坦人民的主要代表,赢得了广泛的民众支持。它的主席亚西尔·阿拉法特可能是可以同我们和平谈判的最有影响力的人物,但是,他过往的一些举措激烈、备受争议,而且和他面对面坐着,光是这一想法对我们所有人而言都是难以想象的。

然而,随着时间的推移,变得越发明朗的是,和阿拉法特谈判是和平的唯一出路。当拉宾和我就职时,以色列正在与一个由约旦和巴勒斯坦人组成的代表团在华盛顿和谈,但是毫无成果可言。理论上,巴勒斯坦人的团队不包括任何巴解组织的成员。但实际情况是,这些在华盛顿的谈判者中有一部分人正是这一恐怖组织的前成员,最重要的是,他们直接从居住在突尼斯的阿拉法特处接受命令。这使得巴勒斯坦谈判者在谈判期间超乎想象地谨慎,在没有阿拉法特明确的授意之下,不愿做出任何让步或是接受任何条款。因此,尽管美国人竭力撮合,谈判一开始就已经陷入一种惰性,而且整个过程亦是如此。

"看,我们和巴勒斯坦人谈的每件事,他们都会给阿拉法特发传真,"我一边跟我手下人说,一边因为毫无进展而发泄着沮丧情绪,"我已经厌恶通过传真机谈判了。"

"我要跟拉宾谈谈，"我说，"我想该和巴解组织直接谈判了。"

做出这个决定并非易事。拉宾和我并不急于和一个恐怖组织开启谈判。这样做将迫使我们直面根本的道德困境和艰巨的政治挑战。严格说，和巴解组织直接接触是违法的；但即使不违法，也可能到处不得人心。阿拉法特在以色列是个家喻户晓的名字，很可能是我们国家最遭人恨的人了。和这样的人直接接触会有背叛的嫌疑。但与此同时，拉宾和我也不会为了换取支持率而无所作为。以色列的安全和以色列人民的未来取决于我们寻求和平的意愿。只有当敌对方愿意互相接触，和平的进程才有可能开始。

因此，我去了拉宾的办公室，向他证明改变策略是正确之举。我辩解说，出于必要，我们应该开始秘密地和巴解组织谈判，但是在阿拉法特公开、强烈地谴责恐怖主义并要求结束暴力之前，我们不会和他达成任何形式的协议。只有当恐怖组织永远地放弃恐怖，我们才会有可能同他们握手言和。

拉宾刚开始时很是怀疑，认为华盛顿的谈判最终会有结果。但很快，谈判僵局带给他的挫折感就让他得出了和我同样的结论：如果我们想得到和平的机会，我们必须愿意尝试另外一条道路。我们知道这样的选择将引发极大的忧虑，而且即便是跟巴解组织面对面坐着都是一种冒险——风险就是会合法化这一组织，更何况这一组织的核心宗旨还是力求摧毁我们的国家。但是我们也知道一个无法回避的事实：人们并不会同朋友讲和，我们必须有勇气和我们的敌人一起追求和平。

* * *

上世纪九十年代早期，三位学者：挪威的泰耶·罗德-拉森（Terje

Rød-Larsen)、以色列的叶儿·赫希菲尔德（Yair Hirschfeld）和罗姆·蓬达克（Ron Pundak），开始和巴解组织成员就与以色列讲和的前景开始直接对话。这个"第二条轨道"的谈判以非正式的形式进行，主要目的是确定行动的可能性。当时的外交部副部长约西·贝林通过罗德·拉森的背后渠道得知了这些对话，并一直关注对话的进展情况。有一段时间，从这些渠道并没有传来太多的消息。但到一九九三年春天，我们已经得知，阿拉法特的一个密友、一个名叫阿布·阿拉（Abu Ala'a）的人加入到对话中，共同商讨和平协议是否可以达成以及如何达成。

就在前几年，巴解组织已经被约旦逐出国境，也被赶出了黎巴嫩，因此不得不重新将总部安置在突尼斯。在经过十多年的流亡后，这一组织离加沙和西岸越来越远，巴解组织的领导人已经和居住在这些地方的巴勒斯坦人失去了联系。随着这一组织开始衰退，它的领导层开始思考一些过去这些层级的人不可想象的事情：和以色列达成和平也许是它重获权力和影响力的唯一方式。实际上，阿布·阿拉表示愿意做出和平进程所需的关键让步，而且表现出比我们预想的更大的意愿。我们得知，他和那些谈判者已经向挪威人提出了一些富有创意的想法，这证实了我的印象：跟华盛顿会谈的情况相反，巴解组织其实正在寻求达成协议。

我相信，谈判若想成功，它们需要分阶段进行。一心期望着加入谈判就能立即解决所有的问题，既不可能，也不必要。我们的目标是和平，但这并不意味着以不可实行的步调达到和平。我认为，谈判的目标应该是定义一套相互认可的原则、双方向对方做出一套承诺。在我们可以达成一致的问题上，我们应设立执行的时间表；而在那些未决的问题上，我们应设立进一步谈判的时间表。

拉宾和我讨论应该出一份怎样的宣言。毫无疑问，我们将要求巴解组织谴责恐怖、承认我们生存的权利以及在和平中生存的权利。我们将要求在任何牵涉返还土地的情况下,以色列将保留其独有的、对其边境的控制权以及保护自己不受威胁的无可置疑的权威。为了换取这些承诺,我们将提出一个渐进的过程:首先从加沙和西岸的杰里科地区撤离。

我们相信,至关重要的是将阿拉法特从突尼斯带回加沙,并且组建一个他可以设法管理的巴勒斯坦人的委员会,直至在国际监督下举行选举。尽管和平的进程可以从巴解组织开始,但是永久的和平只可能在我们拥有谈判伙伴之后才能实现,这个谈判伙伴代表了巴勒斯坦人民,而非他们之中追求更多暴力的派别。

在经过数次谈话后,拉宾同意值得推进此事。我邀请了我的办公室主任阿维·吉尔(Avi Gil)和外交部总干事乌里·萨维尔(Uri Savir)来我位于耶路撒冷的官邸。当乌里到的时候,阿维和我正在讨论局势。

"我能为你做些什么?"乌里问。

"去奥斯陆过个周末如何?"我回答道。

"什么?"他说道,脸上带着吃惊的表情,不过并不是因为他不明白这个请求,而是因为他明白无误地知道其中的含义。

那天下午剩下的时间里,我为初次会议确定了策略,围绕着我们所采取方法的每个细节不断向阿维发问,就这一方法阿维和我已经协调了好几周。我们既设置了最终目标,也制定了眼前的目标,同时还简要地告诉乌里,我们希望他如何严格地按照我们的指示进行初次会谈。

"你回来后,我们将根据你的报告,决定你将如何继续下一步。"我告诉他。

乌里很快前往奥斯陆,并带回了充满希望的评估。看起来,巴解组织首席谈判者阿布·阿拉非常急于达成协议。"我认为，我们已经触及到问题的根本。"阿布·阿拉对乌里说，"我们已经了解到，将你们拒之门外将不会带给我们自由。而且你们也已经知道，控制我们也不会带给你们安全。我们必须肩并肩地在和平、平等和合作中生活。"在后来提交给拉宾和我的一份报告中，他写道，尽管我们知道巴勒斯坦人的一切，但看起来我们什么也不懂。正是在这种空间里——在追寻更深的理解、跨越鸿沟相互达成共鸣的过程中，我相信和平很有可能会生根发芽。

整个夏天，谈判团队回到了住所继续工作，他们向我汇报进展的同时也等待我的进一步指示。就像在任何谈判一样，这次谈判有碰撞也有突破，重要的向前步伐紧接着令人沮丧的挫败。有时，谈判者们即便已形成特殊的纽带，也会面临无法突破的僵局。尽管会谈比之前的华盛顿会谈进展得更为深入，但如果无法达成协议，也将成为同样痛苦的失败经历。

但到一九九三年八月初，谈判已经进展得相当顺利，因此我们相信，八月十三日开始的下次会议上就可以出台原则性的宣言。阿拉法特告诉我们，他已经准备好签署宣言，并相信我们能够在几个悬而未决的问题上确定最终的表述。双方的谈判团队都相信，我们能够达成思路上的一致，我们梦想的突破看起来尽在掌握之中。在听到这个消息之后，我整晚都无法入眠，无法放慢在我的头脑中不断旋转的齿轮。尽管我人生的大部分时光都放眼于未来，但在那些无眠的时刻，占据我思绪的却是过去的日子。我回想到我第一次遇见本-古里安，想到他第一次给我机会参与到那些重要性远超我自身的事情中来。我回想到战争、失去的东西、恐惧、不确定性，想到那些饥饿和缺乏安全感的日子，想到了我们自身生存的问题。想到了迪莫纳以及它的威慑力创造出来的那条道路。想到了以色列国防军出色的工作，以及使这一刻变为可能的过程中我们的军队发挥了多么关键的力量。在我头脑中又听见了本-古里安的话："在以色列，要想成为一个现实主义者，你必须相信奇迹。"

那天早上，我走进办公室，眼中是深深的疲倦，但是思想却一刻不停地转动，手头工作带来的激动令我精神焕发。我推开办公室的门、打开灯，却被此起彼伏的"惊喜"的叫声吓了一跳。一小群办公室的员工和亲密的朋友正在那里等着我。直到那时，我才意识到，那天是我七十岁的生日。

那是个充满善意和温暖的美丽时刻，在当时的环境下更是如此。这些是在我身边努力工作的人们，而且正因如此，他们占据了我心中很大的一块空间。我可以和他们分享对梦想的激情、去做不可能之事的渴望，而且他们追求未来的热忱和关注也让我永远心怀感激。当时，谈判仍然是个秘密，即使是他们也不知情，但我希望尽可能地和他们分享好消息。与此同时，我感谢了他们为我所做的一切。"我把我一生的大部分精力奉献给了国家安全，"我告诉他们，"既然以色列已经强大了，我剩下来要做的事就是带领我们的年轻人走向和平。"

我离开庆祝会，径直去找拉宾讨论我们的下一步工作。员工级别的谈判只能带我们到这里；我相信，我以外交部部长的身份直接参加谈判的时候到了。

我告诉拉宾，我已经预先安排了一次对斯堪的纳维亚的旅行，我将应邀对瑞典和挪威进行正式访问。我建议我用这一机会加入谈判。这样，我就可以终结对那些悬而未决的问题的谈判。我说，我的目标是在我返回之前让双方团队可以草签一份协议。当谈判刚开始时，拉宾曾希望我避免直接接触谈判，因为这么做会让内阁和国家参与到一场他们一无所知的谈判之中。而现在，当我们小心翼翼地站在这里，距离一份协议如此之近，拉宾开始确信，现在到了该加紧努力工作的时候。

我和阿维抵达斯德哥尔摩后，罗德·拉森和挪威外交部长约翰·乔根·霍尔斯特（Johan Jørgen Holst）很快就加入了我们。我们的想法是能和阿布·阿拉通上话，让他知道我已经到了那儿准备谈判，然后他和霍尔斯特两人将作为阿拉法特和我之间的中间人。最终，罗德·拉森在凌晨一点刚过不久联系上了阿布·阿拉。

霍尔斯特从罗德·拉森手中接过电话，我就坐在他的旁边，他通读了一遍提出的表述上的变化，其中大部分情况是措辞上的细微调整，还有改得更为清晰的某些段落。结束后，他挂上电话，告诉我们阿布·阿拉要求给他九十分钟的时间让他和阿拉法特讨论这些变化。谈话很快又恢复，之后是一系列的简短通话，一直持续到那天凌晨。到早上四点三十分，我们已经达成了许多人过去一直认为永远不会发生的事情：以色列和巴解组织之间就原则性宣言达成了一致意见。当阿拉法特办公室的谈判者们爆发出喊声和鼓掌声，我们在电话这头也听到了欢呼声。征服他们的情绪同样也感染了我们剩下的人。这是一个我永生难忘的时刻。

第二天早上醒来，我有种欢欣鼓舞的感觉。不过，那些情绪很快被搁置一边，因为我接到了令人痛心的消息。在黎巴嫩，一枚路边炸弹夺去了七名以色列士兵的生命。我给拉宾打电话讨论了这一悲剧。"我们正濒临历史性事件的边缘，"我告诉他，"但是我担心这个消息可能会使两边的局势变得更糟。也许我们应该延后。"拉宾也有类似的担忧，但他感觉推迟也不是个选择——根本没有足够的时间。我们于是按计划前行。

第二天，按照旅程安排，我来到挪威，下榻在挪威政府的一家宾馆里。装装样子履行着我的官方日程安排，其中还包括参加为我举行的一场晚宴。不过当晚宴还在继续，我已经起身告辞，解释说自己还在倒旅途中的时差。但是，一回到宾馆，我就从随从身边溜走，赶去见证《原则宣言》的秘密签约仪式；考虑到中间人霍尔斯特在缔造这一协议中所起的中心作用，所有相关的利益方都已来到挪威；在这里，在距离中东的太阳和沙漠如此遥远的地方，人们远未预料得到，敌人们将会握手言和。这是一个美丽而激动人心的时刻。

我自己并没有签署宣言；以色列政府尚未批准这份文件。而是双方的谈判者草签这份宣言，这将为我们签署正式协议铺平道路。事情就这么办成了：两个团队出色和看似不可能的工作终于在一份宣言中体现了出来，而且这份宣言具有改变我们历史进程的力量。看到所有这些眼中满是泪水、脸上满是笑容的人聚集一堂，我不禁想，尽管我们有很大的不同、尽管我们有着悲惨的过去，我们相信一个更好、更安全、更和平的未来不仅是可能的，也是必不可少的。看到此情此景，我竭力控制住我的情绪，为了看起来符合外交官的身份，努力不让喜悦的泪水流下来。

当签约结束，谈判团队中的每个人一一致辞。阿布·阿拉的话让我永远难忘："除非我们为了未来一起克服过去的恐惧，并吸取历史教训，否则我们追寻的未来不会实现。"当致辞部分结束，阿布·阿拉过来向我介绍自己。这是我第一次直接和一个巴解组织成员交谈。"我一直关注你的宣言、声明和文章，"他说，"它们无一不显示了你渴望达成公正、永远和全面的和平。"我们退到另外一间房间，只有我们二人，我们又用英语这一共同的语言交谈了三十分钟。我让他铭记我们对协议的承诺，并且告诉他，他将得到我的帮助、得到国际社会的帮助，我们会给进行中的巴勒斯坦项目提供经济援助。

然而我也知道，这项工作还远远不是正式的。仍然有关键的工作必须去落实。首先，我需要前往美国，亲自告诉美国国务卿沃伦·克里斯托弗（Warren Christopher）我们的突破，确保我们得到美国人的支持。我们中有些人担心，美国人可能会因为没有将他们纳入谈判感到生气——尽管他们知道谈判在进行之中——或是担心我们这一线的工作会削弱他们的自身努力。没有美国人的支持，我怀疑我们是否能掌控这一过程，或是达成《原则宣言》所需的未来谈判。

八月二十八日，我离开以色列前往美国。克里斯托弗正在加州度假，因此我们安排在离太平洋海岸区不远的穆古角海军航空站与他会面。美国中东特别事务协调小组负责人丹尼斯·罗斯（Dennis Ross）也飞来加入我们。我满心激动地欢迎了他们二人，希冀之情溢于言表。当我告诉二人，我们已经非正式地签署了一份原则性宣言，他们非常吃惊，都急于见到这份文件。在他们阅读文件时，我耐心地站在那里，看着他们的怀疑在我眼前消失。

"丹尼斯，你认为怎么样？"克里斯托弗在自己评价之前问道。

"我认为这是一个伟大的历史性成就。"罗斯热情地回复。

"绝对是！"克里斯托弗回答，脸上露出灿烂的微笑。

我希望美国可以接受《原则宣言》，将其作为自己提出的协议，并提出在白宫举行签约仪式的请求。与此同时，我还有另外一份文件要与他们分享。

"还有更多，"我告诉他们，"在相互承认这一问题上，我们也一直并行工作，而且我相信，我们很快就会出台一个协议。"

谈判伊始，我便相信，相互承认是至关重要的，我们需要达成一个共识，即双方都承认对方的合法性。我清楚地意识到我们需要克服的挑战。巴解组织不仅需要自身的转型，还需要彻底颠覆自身，放弃其建国原则，否定过去一直是其主要武器的恐怖主义。我们也必须给予巴解组织应有的地位，并给予我们之前从未给予过巴勒斯坦人的尊敬。相互承认的这些要求击中的正是一直处于我们冲突核心的意识形态，它们和《原则宣言》的要求在本质上是不同的。尽管那份原则性宣言为未来的谈判设立了目标、定义了时间表,而相互承认的要求——除了措辞之外——基本上是无法谈判的。

在我向克里斯托弗和罗斯展示我们列出的要点时,我们已经接近完成这份相互承认的协定。美国人再一次地为我们的效率感到震惊。

"你已经做了大量的工作,"克里斯托弗说,"我对这些进展的初步回应是非常、非常积极的。"他和罗斯同意,我们应该立即进行为期一周的密集谈判来推动此事。而且他们还建议,如果以色列承认巴解组织,美国有可能也会承认其合法地位。

在九月的那几天,我们坚守着清单上列出的要求。为了换取以色列承认巴解组织是代表巴勒斯坦人民的合法组织,阿拉法特需要无条件地承认以色列生存的权利,需要清晰无误地申明放弃恐怖主义、号召立即终止巴勒斯坦起义,并坚决承诺通过和平谈判、而非暴力来解决未来的冲突。

到一九九三年九月七日的下午,阿拉法特已经准备好接受我们的要求。两封信起草完毕,一封给阿拉法特,承认以色列的生存权;另一封给拉宾,承认巴解组织是巴勒斯坦人民的合法代表。阿拉法特在突尼斯接到信的时候,拉宾和我在耶路撒冷也接到传真来的信件。拉宾从内阁获得许可签署了这份信件,阿拉法特也从巴解组织执行委员会收到了同样的许可。九月九日清晨时分,挪威外交大臣将两封信带到了挤满记者和摄影机的首相办公室。霍尔斯特在拉宾的一侧就座,我坐在另外一侧。全世界看着他在一份陈述极为简单的信上签上他的名字:巴解组织已经承认我们的生存权利,作为回报,以色列也承认巴解组织。

三天之后,一九九三年九月十三日,在白宫南草坪上,人们用一种深刻的形式来庆祝相互承认——一个全世界都关注、都会记住的方式。伊扎克·拉宾和亚西尔·阿拉法特从未想象过自己会在这样的情景下相见，但是，当克林顿总统将两人拉近时，他们就在那里站立着，在明媚的夏日骄阳之下。拉宾带着几分不情愿和他的宿敌握了握手。他看到了和平在望以及巨大的成就，但是对他需要做的，他还是有些不能接受。在随之而来的鼓掌声中，他转向我小声说："现在轮到你了。"

片刻之后，在拥挤的南草坪前、面对所能想到的每一家国际新闻机构的摄像机，我在一张木质桌子前就座，拿起一支钢笔，代表我一直信赖的国家、满怀对更光明未来的希望，在这份《原则宣言》上签上了我的名字。

* * *

在华盛顿开了几次工作会议之后，我和谈判团队飞回了以色列。凌晨四时刚过，我们便抵达了机场。

"七点到我的办公室来。"我告诉团队的人，"工作才刚开始。"

他们来开会时个个精疲力竭，却发现我急于让他们继续投入工作。

"是时候攻下约旦了！"我大声喊道，刚开始时，他们开怀大笑，以为或是至少希望我是在说笑话。不过，片刻之后，他们就意识到我是认真的，然后开始向我解释，这次我的确需要停下我的梦想。他们辩解说，和约旦王国达成和平的机会非常渺茫，我们还未看到他们表现出重启对话的行动和意愿。考虑到无论是失败的伦敦协议还是令人失望的华盛顿会谈，两者的基础都集中在与约旦和巴勒斯坦人达成一个联合决议，团队成员认为，约旦将会因为被排斥在和平进程之外而感到特别沮丧。

我清楚地知道这些观点，但是我不同意。也许侯赛因国王真的会因为我们和巴勒斯坦人签署协议的双边性质而恼火。但我相信,那种刺激更有可能会带来接触,而非隔绝。许多年来,约旦国王在耶路撒冷一直和以色列保持关系,而且这些关系对他实现最终目标很重要。但如果我们的努力取得成功——如果我们和巴勒斯坦人达成全面的和平——侯赛因就会担心失去他的影响力,担心根本上会被阿拉法特取代。在这一情况下,这一战略考量很有可能会压倒他个人的沮丧。

"相信我,"我告诉团队的人,"国王可不想被甩在后面。"

我还认为,如果国王愿意直接对话,我们有可能很快会达成一份对我们有利的协议。当侯赛因和我商量伦敦协议的细节时,我清楚地看到,坐在我桌子对面的男人,看到了和平的力量和必要性。尽管他抱有怀疑,他仍然愿意接受我提出的条件,这无疑也反映出他对和平的这一观点。

我的团队于是立即展开工作,开始制定在约旦首都安曼举行会谈的框架——从首次会议的策划和后勤,到我们可以接受的和平协议的雏形。与此同时,我走到拉宾跟前征求他的意见——还有他的最终许可。正如我谈判团队的成员一样,拉宾也抱有怀疑。一九九三年十月十九日,他曾和侯赛因国王进行了面谈,但当他提出和平条约的前景时,后者立即回绝了他。侯赛因建议他考虑一系列临时协议,但全面的和平是不可能的。尽管如此,我告诉拉宾,我相信我可以达成协议,并且要他支持我去尝试。尽管拉宾很是怀疑,但他还是同意了。

我和美国人也提及了此事,但他们却再次告诉我,这次我飞得有点太靠近太阳了。尽管我可能会在侯赛因那儿取得进展,但他们认为叙利亚将会成为一个障碍。总统哈菲兹·阿萨德(Hafez al-Assad)曾向阿拉伯国家同伴明确表示,任何有关和平的会谈都需要以一个地区来进行,单个国家和以色列分别达成的协议根本不能接受。考虑到地缘政治的缘故,美国人相信,阿萨德可能会阻止我们前进的脚步。不过,美国人也会提供帮助——包括充当调停人的可能——前提是我的幻想最后比他们的预想更接近现实。

一九九三年十一月的第一天，我戴上了一顶帽子和假胡子。因为我们和约旦没有外交关系——而且严格地说两国还处于交战状态——阿维·吉尔和我，加上摩萨德副局长埃夫拉伊姆·哈勒维（Efraim Halevy）设法秘密地进入了约旦皇宫。我把假胡子粘在脸上时，忍不住大笑起来。我不禁感到来自过去的某种牵引。我回想到我们换在摩西·达扬脸上、取代他那显眼眼罩的墨镜；我想到我们戴在本-古里安头上、遮掩他独有的杂乱白发的那顶阔檐帽。在我的一生中有多少次，为了追求别人眼中不可能发生的事，我们曾换上这样愚蠢的伪装？这些是我相对年轻的那些时光中最美好的记忆。想到我在七十岁时仍然在战斗、仍然为了以色列的未来而战，这无疑给了假胡子某种力量。现在，我看上去就像低预算舞台上的一名演员，但我感觉自己更像是长矛的尖端。

我们驾车通过了艾伦比桥（Allenby Bridge），进入约旦领土，最后来到坐落在安曼老区山顶上的皇宫。我们被护送至拉嘎丹宫（Raghadan Palace，约旦国王的宫殿之一）。和人们在东耶路撒冷看到的建筑一样，宫殿的建筑风格具有同样的伊斯兰特色。我们被带到君王殿，穹顶的装饰反映出精美的阿拉伯世界的艺术风格，约旦国王在那儿迎接了我们。当然，我也确保自己在会谈开始前，拿下了我的假胡子。

距离侯赛因和我上一次面对面坐在一起，面对如此重要的使命，已经过了漫长的七个年头。然而，在谈话开始的那一刻起，就感觉谈话似乎从未结束。我们像老朋友一样相待，又一次发现对未来的共同观点。尽管有关键的政治问题需要讨论和克服，但是，我觉得最好的方法是跨越这些问题，而将国王的注意力集中在中东地区一种新的经济愿景上。

我滔滔不绝地谈到我的梦想，不仅是这一地区的和平，还有繁荣，以及我曾经向巴勒斯坦人许下的同样的经济援助。"以色列不想在一片贫困的海洋中成为一个财富之岛，"我告诉他，"尽管我们没有兴趣干涉你们的内部事务，但是我们愿意——也急于帮助你们。"在我提出的重要建议中，包括了以色列邀请成千上万名世界各地的企业领袖来安曼共商投资约旦，随着时间的推移，这也是可以改造中东地区的众多关键步骤之一。我描述了一个跨越边境的合作和友谊的美景，一个可以向我们两国同时提供无尽益处的远景。我恳请他想象一下外国投资源源不断地涌入中东，创造经济上的繁荣作为永久和平的先决条件。侯赛因对这一前景充满热情，终于同意我离开，好让我们在纸上写下框架内容。阿维、埃夫拉伊姆和我退到附近的一个房间。

"你帮我一下，"我让埃夫拉伊姆和我一起做一份长达四页的文件，用来确定未来和平协议的涉及范围。我要阿维审视这些条款，并给我建议和反馈。文件起草完毕，我让埃夫拉伊姆回到约旦人中，向他们阐述我口述的内容。

令我高兴的是，约旦人接受了我给他们列出的那些条款，只提出了几个小改动。除了召开一个经济会议，这份我们称之为"准文件"的协议还包括了建立两个国际委员会：一个用来解决难民问题；另一个用来制定政治和领土问题的解决方案。若想达成一个真正的和平协议，这些问题必须解决。

十一月二日，侯赛因国王和我握手，并在这份文件上签上了我们的名字，这为下一步深入的讨论奠定了基础，也为崭新和必要的未来开辟了道路。侯赛因的唯一要求是我们对这一协议保密。我们欣然答应。

阿维、埃夫拉伊姆和我离开了安曼，心中充满了希望的冲劲，我们取得的进展和达成的速度深深鼓舞着我们。我感觉仿佛生活在梦境一般，一个我自己创造的梦里。多年来我第一次确信，支离破碎的伦敦协议并不是我们和邻居达成永久和平的唯一机会。当阿维和我像讲故事般相互说起当天的成果时，我忍不住笑了起来。从童年我可以记事起，我从来没有比这天更加开心过，我的心中充满了宽慰、希望和骄傲。喜悦笼罩着我，可能比智慧更占了上风。在我漫长、绝密职业生涯中的这一难得时刻，喜悦令我犯下了一个粗心的错误。

我来到电视台，作为外交部部长准备接受一个常规采访。"记住十一月二日！"在嘉宾休息室等候的时候，回想到那个特别的一天，我兴奋地说道。我想这话足够保密，仅仅是一句脱口而出的话而已。然而我错了。

我并不知道，记者们无意听到了我的话，他们中的一些人不知怎地领会了我的话。他们认为，协议已经达成，我一定曾经到过约旦。直到和平谈判被作为未经证实的谣言被泄露给媒体，我才知道我犯了一个错误。侯赛因国王对此十分愤怒，这也完全可以理解，因为他的要求没有得到尊重，而且他十分担心对国人带来的后果。这足以让他叫停和平进程——足以使我们的历史性突破陷入困境。

眼看我们的协议突然告急，看来只有一个方法可以拯救它：拉宾需要在接下来的谈判中发挥带头作用，而且，我必须退到幕后。我对自己的失误、对这一结果感到失望。但是，我对和平的目标从未动摇过。

一九九四年五月，心情平复下来、再次充满乐观的侯赛因又一次回到了谈判桌旁，和拉宾面对面地坐着。因为侯赛因和我已经就协议的核心条款进行过谈判，和平进程一旦重启便以惊人的速度向前。七月二十五日，拉宾、侯赛因和克林顿在华盛顿一起签署了一份非交战协定，宣告结束两国之间的敌对，呼吁就达成和平条约进行谈判。在剩下来的夏天直至秋天，来自约旦和以色列的团队为最终达成协议，举行了多次谈判会议。十月底，真正的和平近在咫尺：在酷热的一天，在距离红海之滨、约旦和以色列交界的埃拉特（Eilat）不远的阿拉瓦谷（Arava Valley），五千名客人和我们一起参加了签约仪式——正式结束长达四十六年的战争。克林顿总统在现场见证了这一时刻，并说了几句鼓舞人心的话。

"这片广大贫瘠的沙漠蕴藏着伟大的生命迹象，"他说，"今天，我们看到了生命的证据，因为约旦和以色列之间的和平已不再是奇迹。它将在这片土地上生根发芽。"

轮到侯赛因致辞时，他把我们的成就描述为"有尊严的和平"和"有承诺的和平"。

"这是我们对我们的人民和后世人民的礼物。"他大声对人群说。

拉宾则利用这一机会不仅呼吁了和平，还有团结。"我们看到过许多悲伤的日子，你们也看到过许多悲痛的日子，"他说，"但丧亲之痛令我们团结在一起，就像勇气令我们团结，我们尊敬那些牺牲的人。我们都必须汲取我们伟大精神智慧的源泉，原谅我们曾给对方带来的痛苦，清除隔离我们多年的雷区，代之以富饶的田地。"

我只简要地讲了几句：感谢克林顿总统的支持、感谢侯赛因国王的信任，最重要的是感谢了总理拉宾的领导。

"我要做一些不合时宜的事情，跟你们谈谈我的总理。他以极大的勇气和智慧出色地完成了任务。"我谈到拉宾。我补充说，正是在我们对和平的不懈追求之中，我们已经不仅仅是同事，我们已经变成亲人。"我们是亚伯拉罕的儿子，"我说，"现在我们已经变成亚伯拉罕家庭的兄弟。"

不到一周，我兑现了向侯赛因国王做出的承诺，让全世界的商业领袖齐聚一堂，只不过不是在约旦，而是在摩洛哥。在和平条约生效前的岁月里，我的顾问都不相信这样的事情会发生。然而，中东北非经济峰会现已在卡萨布兰卡召开，四千多人共襄盛举。以色列人和阿拉伯人第一次有机会见面，不是在政治上谈判和平，也不在军事上维护和平，而是在经济上建设和平。

摩洛哥的哈桑二世国王为侯赛因国王和我安排了一个特别的帐篷，十几位阿拉伯国家的领导人，加上来自世界五十多个其他国家的领导人和商界人士可以在里面和我们见面，谈论他们的希望、抱负以及他们对开发新中东的直接需求。即刻变得清楚的是，我们的和平工作不仅使巴勒斯坦人和约旦人合作成为可能，也使这一地区向外敞开了大门。

"整个世界正渐渐从树敌无数的宇宙变为充满机遇和挑战的竞技场，"我在向与会者的讲话中这样表示，"如果昨天的敌人是一支从外部带来威胁的军队，那么今天的暴力来源主要是来自内部的威胁：贫穷滋生绝望。"

"这不是一种新的慈善，"我强调说，"这是一种新的商业策略，单纯地使用经济逻辑……在卡萨布兰卡这里，我们有义务在中东转型方面迈出第一步——将它从一个狩猎场变为一个充满创造力的地方。"

* * *

迈向和平的征程继续向前。正如在《原则宣言》中预先设定的那样，我们同巴勒斯坦人又举行了几次后续的谈判。一九九四年五月，我们签署了《加沙—杰里科自治原则宣言》，除了许多其他内容，这一协定建立了巴勒斯坦权力机构。不到两个月，阿拉法特重返加沙，在那里当选巴勒斯坦权力机构的首任主席。一九九五年九月，我们和巴勒斯坦人签署了一份过渡性协议，被称为"奥斯陆第二阶段自治协议"

(Oslo II)，协议扩大了巴勒斯坦人在约旦河西岸的自治，并将一九九六年五月定为商讨永久解决方案开始的最新日期。

尽管我们取得了进展，整个以色列的氛围变得阴郁起来。激进恐怖主义组织认为同以色列人和谈是非法的，因此拒绝和谈，而为表达和以色列人共同达成和平协定的意愿，巴勒斯坦权力机构将那些组织视为敌人。哈马斯和伊斯兰圣战的领导层对以巴达成任何协议的前景都感到愤怒，这两个组织于是试图通过持续、暗地里的暴力行动破坏和平的进程，包括将人肉炸弹送上公共汽车、拥挤的社区和大城市，并且直接以平民为目标。巴勒斯坦领导人也没能终止这些袭击。在一些情况下他们甚至还帮着协调这些行动。一九九四年四月发生了炸弹爆炸，然后在十月和十一月又发生爆炸，之后一九九五年的一月、四月和八月爆炸又接连发生。一些以色列人组成的联盟，对和平失去了希望，已经开始呼吁以色列采取军事上的回应。抗议、示威，"阿拉伯人去死""阿拉法特去死"的叫声回响在大街小巷，人们不仅要求小范围地报复，而且要求用战争来回应。

这些情况对拉宾和我的领导权是一种巨大的挑战。从奥斯陆迸发出的希望日渐黯淡，希望在一些人身上消退，在另外一些人身上更是不见了踪影。妇女和儿童在街上被杀害，然而我们还在参与进行中的谈判，仍然和一部分了解和平迫切性的巴勒斯坦人共同努力。我们不能放弃努力，尤其不能在我们已经走了那么远之后，在我们曾为以色列的孩子们、为那些尚未出生的孩子们许下诺言之后。因此，我们迎难而上，同时心中明白，如果我们被选民赶下台，那也是因为在明知不可为的情况下，我们坚决捍卫了犹太人的价值观。

在经过这么多年的竞争与合作之后，只有在那个夏天，我对拉宾的尊敬才变成真正的崇拜。他和我成为攻击的对象，不仅仅是在媒体上，在大街上也是如此。反对者们把我们的肖像穿上纳粹制服，然后焚烧。他们成群结队地走在街上，有的时候甚至抬出一个棺材要给拉宾备着。这一情景令人害怕。

我还记得人们曾告诉我一个特别骇人听闻的时刻。当时，拉宾正走过位于雅法和特拉维夫之间的内坦亚（Netanya）的温盖特学院（Wingate Institute）。聚在那里的人群中有人开始叫喊着一些令人不快的话，他们咒骂、尖叫，有人甚至向总理吐唾沫。拉宾没有改变步伐或是表情；他径直走过这一切，头高高地昂起，全身散发出迷人的光环，这是一个拥有信念的人的光环，一个忙于事业因而不可能被如此卑劣行径动摇的人才会有的光环。在那些黑暗的日子里，他展现出非凡的勇气，无论付出多少个人代价也不愿意让步。在接下来的几个月内，我从未看到他取消过一次会议或是见面会——实际上，我从未看到过他向仇恨的力量退让任何阵地。他只是继续前行。

由于国内的暴力不断分散对和平进程的支持，拉宾担心，如果举行大选，我们有可能败北。考虑到我们必须重新唤起人们对和平的热情、平息宣战的呼声，我建议举行一个大型的集会——一个和平集会，让我们有机会向以色列人民展示，尽管和平的声音正被反对者愤怒的叫喊声淹没，它并没有泯灭。实际上我相信，一个和平集会有力量将那些害怕发出和平呼声的人们吸引出来，同时也鼓励更多人拥护和平，进而产生一种可以带来希望的能量影响全国上下。它可以说服人们再次相信，我们努力实现的未来有多么美好和强大。

拉宾对这个主意很担心。"西蒙，如果它失败了怎么办？"在我们首次讨论这一想法的几天后，在一个深夜的电话中，拉宾问我，"如果人们都不来怎么办？"

"他们会来的。"我向他保证。

一九九五年十一月四日，拉宾和我来到集会地点，看到了一幅超出我们最狂野想象的景象。他惊讶地看到超过十万人聚集在当时被称为"以色列国王广场"（Kings of Israel Square）的地方，他们一派和平、呼唤和平。

"这太美了。"当我们在集会地点碰头，然后站在市政厅的露台上俯瞰集会人群时，他对我说。就在那里，一浪高过一浪的欢呼声征服了我们。在我们下面的倒映池里，以色列的年轻人雀跃泼水、微笑跳舞，以这种绝佳的方式提醒我们一直为何而战：不是为了我们的未来，而是他们的未来。

拉宾真的很吃惊。这是我所见过的他最为幸福的时刻——也许是他一生中最幸福的日子。和拉宾共事这么多年，我从未听到过他唱歌。而现在，他突然从他手中拿的歌本里挑了 Shir l'shalom，一首和平之歌，唱了起来。过去，即使是在我们取得了最重大的成绩之后，拉宾也从未拥抱过我。但突然，他拥抱了我。

集会接近尾声，我们准备离开。我们原本应该一起走下来，但就在我们计划离开之际，情报部门的人员进来跟我们说，他们收到可靠情报，有人可能要夺取我们的性命；出于安全的目的，他们希望我们改变原先计划好的离开方式。情报部门建议说，袭击者是个阿拉伯人；当时没人想象得到会是个犹太暗杀者。当我们准备离开时，他们希望我们能分开走向自己的轿车。我们并不是第一次听到这样的警告：我们已经习惯了在这样的情境中保持冷静。

过了一会儿，我们的警卫团队又回来了，告诉我们轿车已经准备好，并在下面等候。他们希望我先离开，然后是拉宾。在我转身走下楼梯前，我走过去找拉宾，他仍然快乐得像个孩子。我告诉他，我先离开，而且我希望第二天可以跟他讨论这个胜利。他又给了我一个拥抱。"谢谢你，西蒙。谢谢你。"

我开始下楼、走向我的轿车，欢呼声不绝于耳。在我踏进车前，我回头看到拉宾正走下楼梯，大约在我身后一百英尺的地方。我的警卫人员为我打开车门，当我弯腰正要踏入车内，只听到一声巨响，我分辨出那是三声连续射击的声响。在许多年之后，这一声响仍然会在夜晚把我惊醒。

我努力重新站起身来。"发生什么事了？"我向安全警卫喊道。但他没有回答，而是将我推进了车内、关上车门，尔后车发出刺耳的声音驶向远方。

"发生什么事了？"我问驾车的警卫官员，"发生了什么？"

他们默默地驶向以色列安全局的总部，并把我带进里面，没人回答我的问题。"拉宾在哪儿？"等我们终于开到了那里，我依旧这样问道，"告诉我发生了什么？"

直到那时我才听说，有人试图夺取拉宾的生命，他被击中，已被送往医院。但是，没有人知道伤情有多严重。

"医院在哪里？"我质问道，"我马上要去那里。"

"你不能去，"一名警卫官员说，"你仍有生命危险，我们不能让你出去。"

"随你怎么说危险危险，"我说，"但如果你不把我开车送到那里，我就走着过去。"意识到他们在这事儿上没有什么选择，安全专员答应了我的要求，飞快地驾车送我去了医院。到医院后，没有人知道拉宾是否还活着。一群人聚集在医院的外面，哭泣着，担心最坏的事情会发生，祈祷奇迹出现。

"他在哪儿？他发生了什么？"我问在医院看到的第一个员工。没有人有答案——他们眼中只有泪水。"把我带到他那儿去！"我咆哮道。在所有喧嚣之中，医院院长看到了我而我也看到了他，我们突然奔向对方。

"告诉我发生了什么？求你了。"

"佩雷斯先生，"他声音沙哑地说，"我很遗憾但不得不说，总理已经死了。"

这话就像一把刀刺进我赤裸的胸口,令我的心脏受到重击。我已经忘了如何呼吸。就在刚才,我还看着拉宾的面庞,带着我从未看到过的微笑。他身上充满如此多的活力、如此多的希望和承诺。而现在Shir l'shalom,我们的和平之歌真的被鲜血沾染了——在遇刺时拉宾所拿着的歌本的那几页上。我们为之战斗的未来突然变得如此不确定。他怎么可能走了呢?

我转身从医生身边走开,耳朵嗡嗡作响,就像一个炸弹在耳边爆炸,就像置于战争的喧嚣之中。在走廊的尽头,我见到了拉宾的妻子莉娅,她站在一场难以想象的悲剧中心。我可以看出,人们已经告诉她最坏的事情已经发生,这也是我不忍想象如果我遭遇不测,索尼娅不得不听到的一番话。

莉娅和我一起去和拉宾最后道别。拉宾的脸上带着微笑,这是一个快乐男人的脸,一副完全地安息的样子。莉娅靠近他,最后一次亲吻他。然后我走上前。满怀着悲痛,我亲吻了他的额头,和他说了再见。

当司法部部长走近我时,我心烦意乱得无法开口。

"我们必须立即任命一位总理,"他说,"这不能等,我们不能让船没有船长,尤其不能是现在。"

"什么时候?什么?"这是我竭尽全力问出的所有的话。

"我们将提名你。"他说,"我们正在召开紧急内阁会议。我们必须离开医院,直接去那儿。"

聚集在一起的我们,为我们失去的兄弟举行了一个临时的追思会。所有的部长认为,我应该接任总理,并在现场投票任命我为拉宾的继任者。这是我一生中感到最为孤独的时刻。

我们的整个国家处于震惊之中,不仅因为我们的总理遇刺,还因为行凶的那个男人。他是以色列人，一个犹太人——我们自己人中的一个，这个极端主义分子糊涂至极、不择手段地阻止我们走向和平，以至把怯懦地杀害一个民族英雄当成是他骄傲和满足的源泉。他的行为，还有苟同这一行径的狂热分子的堕落的狂热，已经超出了我们在梦魇深处所能想象得到的任何东西。令人发狂、使人惊惶和无法想象的痛苦一同袭来。

在极度悲伤的时刻，我们相互依靠，几乎每个以色列人都是如此。人们自发地举行游行，不是为了抗议，而是出于爱，成千上万人走上街头守夜，为我们失去的领袖点燃蜡烛。我感到整个国家的重担现在落在了我的肩头。

这十多年来，拉宾和我一直是大的竞争对手，但近年来却成了伟大的合作伙伴。就像在他去世后我说的那样，生活中有时会发生这样的事情：如果你们是两个人，你们不止两个人。如果你是一个人，那么你还不足一个人。失去他，我是如此的不完整。他就这样离开，没有任何预兆，而我则接手了一个混乱的国家。如果我行事不当，我担心会爆发内战。我怎能严厉地对待那些支持暗杀的人们，而又不扇起危险的火苗呢？我做那么多的决定，而且要那么快地做出，而我唯一想要的建议是他的建议。他的沉默折磨着我。当我回到总理办公室时，我无法坐在他的椅子上。

但是，为表示对拉宾的尊敬，同时代表着我们共享的和平愿景，我只能继续前行。未来还有工作等着我去完成，国家需要治愈、和平进程需要拯救，还有国境两边的这一代孩子，我们还欠他们一个比过去更美好的未来。有如此多的事情利益攸关，我知道我只有一个选择：去制定具体的国家议程，去做领导人须做出的艰难决定。

* * *

二○一六年是我离开总理一职的第二十个年头。当拉宾去世后我首次当上总理，那时的以色列比近年来的任何时候都要团结——这并非因为人们对那些困难、有分歧的问题突然有了共识，而是因为失去拉宾对大家而言是个痛苦的打击。当国家沉浸于痛苦之中，以色列人也集结在彼此的周围，为了支持他们的新总理向队伍靠拢。劳工党内许多资深领袖努力说服我要求提早举行大选。他们认为，我们正占据着微小的优势可以使劳工党在议会中保持执政所需的多数票数。在拉宾遇刺之前，一般认为因为恐怖袭击频发，劳工党有可能失去下一次的选举。但是现在，在举国上下空前团结的情况下，我肯定会轻易地赢得大选，劳工党也肯定会继续执政。

我理解他们观点背后的政治逻辑。这很清楚，也很有说服力。但是我没有把这一决定看作是政治选择；对我而言，它是一个道德的选择。要求提前大选等于是利用拉宾的鲜血来赢得权力。不管在任何情况下，不管是政治的，还是其他，我都不会这样利用他的死亡。

相反，我又重新回到和平的工作上，虽然拉宾不在身旁，但是他的精神留存在我的心里。同巴勒斯坦人和谈的第二个阶段尚未结束，与此同时，在我的指示下，同阿萨德政府的和谈也在叙利亚展开。而且，鉴于恐怖主义已经变成和平之路上可怕的障碍，我在沙姆沙伊赫组织了一个国际会议，要求来自世界各国的领导人共同商讨反击恐怖威胁的策略。我所在的政党对我还没有要求举行大选十分沮丧。我的对手们则每天都会批评我，谴责我是个和事佬，强烈要求采取军事行动，而这势必会扼杀和平进程。与此同时，哈马斯和伊斯兰圣战组织正对以色列的平民发起袭击。一九九六年初，以色列发生了五起可怕的恐怖袭击，一起接着一起、一起比一起更严重。

事实上，爆炸开始的那周是我一生中最糟糕的时光。在我走访第一起在耶路撒冷发生的恐袭现场时，我站在一辆残缺不全并且已经融化了的公共汽车前，仅在几个小时前这辆车还在城市十八路线（City Line 18）上运送日常生活的人们。它看起来就像一头被屠杀的野兽的尸体，身上布满了玻璃、黑炭和鲜血。这一恐怖的景象令我发怵，以至听不到聚集的人群对我发出的嘘声。"佩雷斯是个凶手！"有人大喊。"佩雷斯就是下一个！"另一个人尖叫着。我告诉阿拉法特，恐怖主义正在扼杀和平的前景，而他则坦陈自己无力阻止。"我想你并不理解危在旦夕的是什么。如果你不能在同一个规则下团结你的民众，"我警告说，"巴勒斯坦人永远不会拥有一个国家。"然而，爆炸还是在继续。一个自杀性爆炸事件发生在阿什凯隆（Ashkelon），另一个则发生在特拉维夫的普林节（Purim Festival）。我不顾警卫团队和员工的反对，去了每一个爆炸现场。我感觉，去那里是我作为总理的职责，这既是为了那些已经死去或是受伤的人们，也是为了我的国家，它需要让全世界看到，它仍然是个强韧的国家，就像它过去一贯如此。但是，当我站在那里，在特拉维夫这个我长久以来的家园，在本该是欢乐的节日里，我看到的却是被焚烧、被鲜血染红的街道。我意识到，尽管我抱有希望，但和平的环境在短期内已经变得越来越渺茫。在当年五月举行的大选中，本杰明·内塔尼亚胡（Benjamin Netanyahu）获胜，而我经历了痛苦的失败。在将近三百万选票中，他只以不到三万选票的微弱优势胜出——但这已经足以令利库德集团上台，并为拉宾和我共同写下的篇章画上句号。

在接下来的岁月里，和平的努力从未中断，但是新的形势却令和平更遥不可及。随着时间的推移，《奥斯陆协议》的生命线枯竭了，协定的框架也大多被抛弃。然而，它的遗产却保留下来。虽然我们辜负了我们最宏大的野心——一个永久性的解决方案、永久的和平——但是，《奥斯陆协议》的签署是一场革命的开始，是一个决定性的时刻，为实现未来更大的和平奠定了基础。正是这一工作给了我们两个国家解决方案——这也是唯一真正有可能成功的框架。因为我们和巴勒斯坦人的谈判，我们今天仍然有一个阵营的、追求真正和平的巴勒斯坦人，马哈茂德·阿巴斯即是这些人的领袖。没有他的话，我们将只有哈马斯。因为我们的谈判，我们能够为未来的协议奠定基础和框架。巴勒斯坦人承认和谈的基础是一九六七年的边境而非一九四七年时的边境，这本身就是思想上的一种革命。没有《奥斯陆协议》，我们将不能和过去的敌人开设使馆、建立外交关系，我们也不可能和约旦人讲和。《奥斯陆协议》允许我们将政府投资投向基础设施和社会福利项目。它使更广阔的中东地区和以色列的经济互相开放，让我们之间签署协议、达成伙伴关系来促进我们的增长。值得牢记的是，接下来的每届以色列政府，即使是那些没有将和平作为首要任务的政府，最终也接受了我们的框架、承认终结暴力和恐怖主义邪恶循环的唯一方法是通过和平——通过两个国家，而非一个。

然而，对于和平还是有人继续持有巨大的怀疑——不仅仅是它是否可能实现，还有它是否真的是人们渴望之物。对于第一个问题，我相信，和平不仅仅是可能的，而且是势在必然。我感觉，乐观不仅是我的身份使然，也是历史的作用。对于愤世嫉俗的世界观而言，历史是一剂有力的解药。它有多少次令我们感到惊喜？又有多少次引领着我们来到远超我们梦想的现实之地？二战之后，谁能够梦想得到，仅仅时隔三年，法国、德国和意大利将共同加入和平联盟。有多少次我曾听到专家告诉我们，和埃及及约旦的永久和平是不可能实现的？有多少次悲观主义者摇头否认，认为巴勒斯坦人中不会出现一个反对恐怖主义的选区？

我们已经看过不可能之事一次次变为现实。曾几何时，阿拉伯联盟认同被称为三个"不"字的"喀土穆公式"（the Khartoum Formula）：永远不与以色列讲和、永远不承认以色列、永远不和以色列谈判。在我一生大部分时间里，和我共事的大部分人永远不会想到，有一天阿拉伯联盟会发出倡议驳斥所有这三条。他们永远不会相信，阿拉伯领袖会毫无保留地说出赞成和平、反对恐怖，不仅仅是在国外而且是在国内，或是想象得到巴勒斯坦人会承认以色列一九六七年的边境。然而，和平还是倔强而顽强地找到一条出路，毫不在意专家们的疑虑。

我相信和平的必然性是因为我理解和平的必要性。必要性也许是所有理念中最有力的一个。它驱使拓荒者们在这块土地上安置下来，也是它驱使他们创造性地思考——将盐碱地变为富饶的土地，将一块未经耕种的沙漠变为可以长出果实的社区。出于必要，本-古里安建立了以色列国防军；在我们最脆弱的时候保护我们远离即将来临的战争。也正是必要性要求以色列领导人在迪莫纳做出不可能之事、在恩德培去冒一切风险。同样的，和平的必要性也将最终、完全地令和平开花结果。与人为敌的代价实在是太高。

我全身心地坚信犹太复国主义的美德，相信本-古里安做出的接受联合国有关巴勒斯坦分治的历史性决定。即使在那时，本-古里安就明白，为保持我们国家的犹太特性，我们必须坚持我们的价值观，而且我们的价值观从根本上是民主的。根据犹太人所受的教诲，我们都是按照上帝的形象诞生下来的。要相信这一基本信条，一个犹太国家必须接受民主，这就要求达成犹太人和非犹太人的完全平等。毕竟，民主不仅仅指每个公民有平等的权利，也指每个公民有不同的权利。犹太复国主义事业的未来依赖于我们接受两个国家的解决方案。如果以色列放弃了这一目标，带来的危险就是巴勒斯坦人将最终接受一个国家的方案。因为人口的特征，这只会给我们留下一个选择：保持犹太人或是保持民主。但这真的根本不是一个选择。失去犹太人的多数性等同于失去了我们的犹太特性。放弃民主就是放弃了犹太人的价值观。我们必须坚持我们的价值观。即使当我们面临焚尸炉和毒气室，我们也不放弃我们的价值。我们生是犹太人，死是犹太人，而且重新屹立于世界民族之林也是作为自由的犹太民族。我们活下来不仅仅是作为历史上一个逝去的影子，而是作为一个新的起源，一个热衷于修缮世界的国家，一个热衷于拨乱反正的国家。

一九九六年，我建立了佩雷斯和平中心，因为我信任人们、信任他们带来积极变化的能力，我也相信讲和不能仅仅依赖政府；和平必须在人民之间达成——在犹太人和阿拉伯人之间。而且在过去二十年间，我通过和平教育、商业合作、农业和医疗卫生这些工作建起这些纽带。但是，一个永久性的解决方案需要我们和我们邻居的政府理性的智慧。它需要以色列的领导者们认识到，以色列足够强大可以讲和，对一个处于强势的国家讲和是势在必行的。按兵不动只会使和平协议比我们考虑过的任何协议更糟；会使以色列首次在谈判中处于弱势。如果眼前的和平是拯救犹太复国主义唯一的方法，那巴勒斯坦谈判者将会处于非常有利的位置。

那时，问题不是我们是否会获得和平，而是什么时候以及以什么样的代价，因为我们等待得越久，代价就会越高。这就是为何在我们需要加倍努力的时候向怀疑论屈服会带来极大的危险。历史是没有倒挡的。

我再清楚不过，达成和平并非易事。但是除了回到谈判桌我们别无选择。我们和巴勒斯坦人之间的过去充满悲伤。我相信，明天的以色列和巴勒斯坦可以给我们的孩子带来新的希望之光。推进和平将会实现以色列人建国时的愿景：一个典范和兴盛的国家，在其国土上，与邻国之间和平而安全地生活。

如今，距离我、拉宾和阿拉法特共同站在奥斯陆的舞台上接受诺贝尔和平奖已经二十多年过去了。很多事情已经改变，但是我想传达给人们的核心信息没有改变：国家已再也不能把世界分为朋友和敌人。现在,我们的敌人是世界性的:贫穷和饥荒,极端主义和恐怖。它们不分国界,威胁到所有的国家。因此,我们必须即刻行动,建立和平的纽带、拆毁在痛苦和敌意中建起的围墙,只有这样,我们才能共同面对这些挑战,并且抓住新时代的机遇。

乐观并不等同于天真。我很乐观,并不意味着我期待充满爱的和平;我期待的只是出于必要的和平。我并不设想一个完美的和平,但是我相信,我们可以寻找到允许我们在没有暴力威胁下肩并肩生活的和平。

在未来的岁月里,我们必须牢记,和平谈判永远不会在快乐的结局中开始,而会是在模糊和复杂的境地中启航,沾满痛苦和暴力的回忆。而且和谈需要时间的积淀。因此,让我们把努力倾注到这一工作中去,把快乐的结局留到最后。为了我挚爱的国家,我全心全意地相信先知们的愿景,这是和平的愿景。而且我所知的事实是,分界线两边的大多数人渴望和平——尤其是年轻一代。他们是将不可能之事变为可能的人,是用创造性和热情将有可能之事变为现实的人。不管是领导者赶上年轻人的步伐或是年轻人变为领导者,我们都无可避免地走向同一个方向。这条道路将布满荆棘,但它仍是唯一值得走下去的路。

跋

纵观我的一生,我曾目睹过许多非凡之事:童年时,我在维施尼瓦坐过四轮马车。担任总统期间,我见证了无人驾驶轿车的诞生。我曾看过技术将人类送上月球、疫苗将致命的疾病彻底从地球上根除。我曾见证数十亿人脱离贫穷,曾看过一个仍然处于冲突之中,但却比人类历史上任何时期都更为和平的世界。而且,我也见证以色列人为了一条细长的沙漠而战斗,然后将它转变为一个超越我们最伟大的梦想的国家。

我知道,进步并不总是稳步发生的。它常常是不均衡的,穿插着悲剧性的倒退。同盟国打败了纳粹,并且让世界成为民主的安全之地,但这并非发生在成百万人消亡之前。原子的分裂创造了新能源和新科学的潜力,但同时也带来了强烈恐慌,因为按下按钮就会带来全球性灾难。因特网已经让数十亿人摆脱旧教条的束缚,但它也可以让邪恶的力量瞬间传播仇恨。当技术和道义无法共存的时候,我们已经看到过其导致的危险。

在写作本书的时候,我们面临新的危险:容忍度的下降,民族主义的冒进,人们身处一个高度繁荣的世界,却没有广泛地分享这种繁荣,在国家的不同地区和不同国家之间我们看到不断加剧的不平等。

然而，尽管这些因素存在，我依然保持乐观。这不仅仅是因为我的本性，而是因为我可以看到反方向的风正吹向进步的方向。我们正处于历史转型时期。这不是人类第一个转型期，但却是最迅速、最全面的转型期，从领土的时代跃向科学的时代。

领土的时代是由土地兼并推动的。国家的领导者们通过获得领土——大多数情况下以武力来寻求国家实力的增长。一个国家积累军事力量也会驱使潜在的受害者拿起武器。战争从而不可避免。逝去的生命和浪费的资源则是战争的共性。而且，一方的收获常常就是另一方的损失。今天，土地作为主要民生来源的重要性已经下降，取而代之的是科学。不像领土，科学是没有国境或是国旗的。人们无法通过坦克征服科学或是用战斗机捍卫科学。科学是没有疆界的。一个国家可以增加自身的科学成就而无需从他人身上掠夺任何东西。实际上，一个国家的重大科学成就可以提升所有国家的命运。有史以来第一次，我们能够不以任何人失败为代价而取胜。

在科学的时代，国家和领导者的传统力量不断下降。创新者，而非政治家正在推动全球经济并且发挥最大的影响。创造了脸书（Facebook）和谷歌（Google）的年轻一代领导者已经发动了不用流血的一场革命。全球化的经济影响到每一个国家，然而没有一个国家有足够的力量决定结局。我们正参与一个新世界的诞生。

过去的发明创造已经证明了科学的力量。例如，在我祖父的壮年时代，一个人牙齿发炎可能没法医治，等待他的只有可怕的牙痛甚至可能死亡。今天，抗生素让我们过上了比不久以前的皇室成员更好的生活。高科技革命可能同样意义深远。

我们已经看到移动技术甚至打破了最独裁的统治。尽管政府可以试图限制自由言论，但是他们只会愈发不可避免地失败。在中东，将近一点三亿男孩和女孩拥有智能手机。他们也许无法摆脱他们的政府，但是拥有了接触新知识的新手段，他们可以摆脱旧的意识形态。我们也许很快就会发现，和平将通过创新而非通过谈判达成。

技术的进步已经建起了一座座跨越边境、语言和文化的桥梁。我们尚未完全理解这一变革性的互联互通不断带来的机遇。然而，不管这种互联性多么有价值，它并不会沿着一条明确的道路前行。如果没有先前存在的差距，人们不可能建立起联结，但是如果那些差距太大的话，人们也不可能建起联结。在当今世界，不同世代人之间的差距比国家之间的差距更大。而且，现在掌握权力的年轻人可以比政治家和将军产生更大的全球性影响。那些思想深深根植于过去的人肯定会抗拒未来。今天，中东正饱受恶疾折磨。这种疾病源于无处不在的暴力；源于食物、水和教育机会的匮乏；源于对妇女的歧视；而且更恶毒的是，源于自由的缺席。这一地区有太多的人仍然囿于陈旧的领土观念。我们仍然可以目睹一些政府犯下的可怕战争罪行，那些旧秩序下的政府更喜欢牢记过去，而非拥抱梦想。但趋势是显而易见的：战争正逐渐变得徒劳。战争已经失去了它们的合理动机和道义依据。尽管暴君有力量杀死成千上万个人，但他们却无力扼杀一个理念。

年轻一代必须要做的事情就是去帮助完成这一转型。我们需要的是这样的年轻一代：将领导民众看成是一项高尚的事业，这一事业不是由个人的野心而定义，而是由道德去界定——领导民众即服务民众。我们需要这样的领导者：他们相信世界不能被杀戮和枪击改变，而是被创造和竞争改变；宁愿为了正确的原因备受争议，也不要为了错误的原因而受大众爱戴；更多地发挥他们的想象力而非记忆力。我满怀希望，因为我相信我们身边已经有了这样的一代人，此刻他们正行走在地球上。世界各地的年轻人，我希望你们能把戴维·本-古里安对我的教导牢记在心。正是从他那里，我学到了我们应该按照未来的愿景设置今日的议程；学到了凭着信念人们可以跨越障碍；学到了最负责任的行为就是为了明天的机遇而甘愿在今天冒险；学会了就像出生需要经历分娩的阵痛，成功也需要经历失败的痛苦。

我不期望你们会接受一个老人家的话。如果我已经赢得了专家的称号，那也只是对过去发生的事情而言，世界上没有对尚未发生之事的专家。然而，即使对未来一无所知，我也是一个充满希望的人。对和平抱有希望；对我们将继续把应许之地变为充满希望的领土抱有希望；对以色列作为一个道德国家坚持社会正义充满希望；对我们能看到先知们的梦想变为现实充满希望，这些先知们也曾向我们展示，自由也是犹太遗产的灵魂所在。我最大的希望是，我们的孩子和我们的先人一样，将继续开拓人类精神领域中历史上犹太人走过的独有道路；以色列将变为我们遗产的中心，不仅仅是我们的家园所在；而且犹太人将会被别人激励，也会不断成为激励他人的源泉。

我的生命中有好些篇章和以色列的诞生以及建设相互交织，对此我深感荣幸。对本-古里安，我则永远无法报答他的恩情。正是他召唤我为他工作，给了我为国家服务的美妙特权。近七十年来，在他的领导下，我试图为以色列积蓄力量、为以色列建起国防体系并为人民追求和平——这个我们心中最真实的渴望。我爱这个国家——爱春天橙花的香气；爱约旦河的忙碌喧嚣；爱内盖夫静默的平和；还有永远的以色列人民，在我一生中每每与他们相遇，他们都证明了他们勇敢、忠诚、宽容和坚韧。

我并不想假装我是个复杂的人。我做过计算，我被赐予的生命大约有二十五亿秒的时间；我想了想，决定用这些时间来做一些事情，这样我也许可以有所作为。我认为我的决定是正确的。我不后悔我的任何一个梦想。我唯一的遗憾是没有梦想得更多。生命是赐予我的礼物。我将在不透支它的情况下选择放手。

每过一段时间，就会有人让我回顾我的一生，并找出其中最让我自豪的成就。我总是用一个伟大画家的故事来回答。一次，一个崇拜画家画作的人前来询问。

"您认为在您的作品中，哪一幅是最漂亮的呢？"这人问画家。

画家抬头看了看这人，然后转向房间一角的画架上一幅巨大的空白帆布。

"这幅我明天要作的画。"他回答道。

我的回答也是如此。

二〇一六年九月

原编者后记

二〇一六年九月十三日，西蒙·佩雷斯会见了来自世界各地的上千名企业家，并鼓励他们投资以色列的技术。参加活动的还有他的儿子舍米，后者还在台上采访了父亲。那天，佩雷斯还启动了一项社交媒体项目以推动以色列的工业。那天结束之前，他被紧急送往医院。

西蒙·佩雷斯于二〇一六年九月二十八日去世。包括数十个国家的元首在内的上万名民众一起前来向他致敬。

在那天早上举行的一个纪念佩雷斯的特别内阁会议上，总理内塔尼亚胡这样评述：这是"以色列国失去西蒙·佩雷斯的第一天"。

以色列创新中心即将开放，它将代表佩雷斯本人，代表所有寻求更和平、更繁荣的世界的人们，延续佩雷斯的重要工作。

图书在版编目（CIP）数据

大梦无疆：勇气、想象和现代以色列的建立 /（以）
西蒙·佩雷斯（Shimon Peres）著；吴越，刘洪译. —
上海：上海译文出版社，2019.9
书名原文：No Room for Small Dreams: Courage,
Imagination, and the Making of Modern Israel
ISBN 978-7-5327-8176-8

Ⅰ. ①大… Ⅱ. ①西… ②吴… ③刘… Ⅲ. ①佩雷斯
（Peres, Shimon 1923-2016）—自传 Ⅳ. ① K833.827=6

中国版本图书馆CIP数据核字（2019）第143205号

Shimon Peres
No Room for Small Dreams :
Courage, Imagination, and the Making of Modern Israel

图字：09-2018-297号

大梦无疆：勇气、想象和 现代以色列的建立 No Room for Small Dreams: Courage, Imagination, and the Making of Modern Israel	Shimon Peres [以] 西蒙·佩雷斯 著 吴 越 刘 洪 译	出版统筹 赵武平 策划编辑 陈飞雪 责任编辑 邹 欢 装帧设计 宋 涛

上海译文出版社有限公司出版、发行
网址：www.yiwen.com.cn
200001 上海福建中路193号
山东鸿君杰文化发展有限公司印刷

开本890×1240 1/32 印张6.25 插页16 字数124,000
2019年9月第1版 2019年9月第1次印刷

ISBN 978-7-5327-8176-8/K·270
定价：65.00元